LA COMUNICACIÓN CON TU BEBÉ

#10

*M. Natividad Soto
y Lola Ortega*

LA COMUNICACIÓN
CON TU BEBÉ

Mestas
e d i c i o n e s

© Natividad Soto y Lola Ortega
© JORGE A. MESTAS EDICIONES, S.L.
Avda. de Guadalix, 103
28120 Algete - Madrid
Tel. 91 886 43 80
Fax: 91 886 47 19
E-mail: info@mestasediciones.com
www.edicionesmestas.com
http://www.facebook.com/MestasEdiciones
http://www.twitter.com/#!/MestasEdiciones

Ilustraciones: Rafa Soto
Director de colección: Juan José Jurado

Primera edición: *Julio, 2012*

ISBN: 978-84-92892-24-2
Depósito legal: M-28566-2012
Printed in Spain - Impreso en España

A Juan, a Paula, a mi familia:
mis amores todos

Para Jose y Pablo
con amor incondicional

Índice

Segunda parte:

EL PAPEL DE LA FAMILIA

Introducción

Este libro tiene carácter orientativo y de prevención. Su principal objetivo es contribuir a la creación de un ambiente afectivo y estimulador, donde los bebés y niños/as pequeños gocen de la atención, los cuidados y las posibilidades de comunicación que sus primeros años de vida requieren.

El bebé nace con unas capacidades que le orientan hacia la relación con las personas que le cuidan. Este vínculo emocional, que construyen mutuamente los adultos y sus bebés, sirve de base para que los pequeños se desarrollen y aprendan, tanto a través de su propia experiencia como de la observación de los modelos presentes en su ambiente familiar.

También hay otros medios que empleamos para facilitar este aprendizaje, como pueden ser las actividades guiadas, la elección de nuevos recursos para compartir con los bebés, el apoyo para ir superando nuevos retos, la adaptación a sus capacidades y habilidades, etc.

Desde sus comienzos, el desarrollo de la comunicación y el lenguaje varía frecuentemente de unas personas a otras, siguiendo cada una su propio ritmo de aprendizaje. Sin embargo, existen unas etapas comunes que todos los niños y niñas suelen recorrer en los primeros años de su vida.

Conocer cómo tiene lugar dicho proceso permite que los adultos comprendan qué hacen los bebés y puedan tomar conciencia de su papel facilitador de la actividad del niño desde su nacimiento.

El contenido del libro está estructurado en dos partes principales. La primera de ellas muestra el proceso de desarrollo comunicativo y lingüístico de los niños y niñas hasta la edad de 3 años aproximadamente, período primordial para su adquisición. Cuenta con numerosos ejemplos propios de las producciones infantiles y de las intervenciones de los adultos con los que interactúan.

El punto de partida del texto son unas nociones básicas que servirán para diferenciar algunos conceptos fundamentales, como lenguaje, comunicación y habla.

El segundo capítulo se centra en el proceso de iniciación de la comunicación, explicando los importantes logros que los niños y niñas realizan a lo largo de su primer año de vida, así como el papel que desempeñan las personas de su entorno.

A continuación se describen los avances hacia la adquisición del habla, atendiendo a sus distintos elementos: articulación de sonidos, comprensión de significados, uso del lenguaje, etc.

El final de esta primera parte explica las diferencias individuales en el desarrollo y los factores que intervienen. Debido al gran interés que despierta actualmente, se incluye el tema del bilingüismo.

La segunda parte del libro profundiza en la importante labor de la familia y aplica a la vida cotidiana los diversos contenidos expuestos, de forma sencilla y práctica.

Así, el primer capítulo resalta la importancia de que los adultos ofrezcan modelos adecuados, en un ambiente afectivo enriquecedor y apropiado a las necesidades y grado de madurez de los bebés y niños pequeños.

Seguidamente, se comenta la forma típica de hablar que los adultos empleamos para dirigirnos a los niños pequeños: cuáles son sus características, cómo es su progreso, etc.

Debido a su importancia, se incluye más adelante un conjunto de posibles señales de alarma, organizadas por edades aproximadas. Dan información para detectar posibles dificultades o desfases y actuar en consecuencia, contando, si fuera necesario con ayuda profesional especializada.

Finalmente, se expone una serie de consejos y pautas de actuación, que serán muy útiles para saber cómo favorecer y no obstaculizar la evolución normal de la comunicación y el lenguaje.

Por último, se recoge en el glosario aquellos términos más específicos de la temática del libro.

Esperamos que su lectura sea entretenida y anime a las familias y educadores a potenciar un óptimo desarrollo comunicativo y lingüístico de sus niños y niñas, con la satisfacción de contribuir a un proceso tan importante para su vida.

Por economía del lenguaje, en adelante se emplearán las expresiones *el bebé* y *el niño*, tanto para hacer referencia al género masculino como al femenino.

Por otra parte, la evolución del desarrollo que se describe tiene carácter general. Por ello, en los ejemplos presentados a lo largo del libro, se han utilizado arbitrariamente los nombres de un niño y una niña, sin que por ello se establezca entre los sexos diferencia alguna.

Finalmente, queremos agradecer a nuestros maridos, Jose y Juan, su amor y apoyo, sin los que no habría sido posible la elaboración de este libro.

A nuestros hijos, Pablo y Paula, por enriquecer nuestras vidas, ayudándonos a ser conscientes del camino que hemos comenzado como madres.

Y también a los familiares y amigos que nos han animado y han colaborado en la lectura y corrección del texto.

1. COMUNICACIÓN Y LENGUAJE

I. CONCEPTOS FUNDAMENTALES

Para saber cómo se desarrolla el lenguaje y la comunicación en los niños pequeños es conveniente empezar aclarando algunos términos que suelen confundirse. Es habitual escuchar las palabras "habla", "comunicación" o "lenguaje" como sinónimas. Sin embargo, aunque están relacionadas, su significado no es el mismo.

Veamos las diferencias más importantes entre estos conceptos.

> ➤ QUÉ ES COMUNICACIÓN
>
> ➤ QUÉ ES LENGUAJE
>
> ➤ RELACION ENTRE LENGUAJE, COMUNICACIÓN Y HABLA

Lenguaje y comunicación no son la misma cosa

En primer lugar, la **comunicación** ocurre cuando dos o más interlocutores intercambian información. Es necesario que exista, al menos, un emisor (el que la envía), un receptor (el que la recibe) y un mensaje (la información que se transmite). Esto puede tener lugar en diversos contextos y a través de diferentes medios. Se pueden emplear gestos, imágenes, palabras escritas y, por supuesto, el habla.

La comunicación sirve, básicamente, para:

Pedir

Mandar

Llamar la atención

Preguntar

Expresar emociones

Jugar

Saludar

FUNCIONES BÁSICAS DE LA COMUNICACIÓN

Estas funciones (o lo que es lo mismo, la comunicación) **aparecen antes del lenguaje**: cuando un bebé empieza a señalar con el dedo, puede ser para pedir una cosa o para que le digamos el nombre de ese objeto. En este caso, el bebé ha utilizado un gesto para comunicarse, pero cuando aprenda a hablar, dirá *"dame"* o preguntará *"¿esto qué es?"*.

Por tanto, el lenguaje sirve para la comunicación; sin embargo, también es posible comunicarse sin emplearlo, como en el caso del bebé. Este hecho ha sido observado y estudiado también en otros seres vivos, como los primates.

El **lenguaje** es el sistema de comunicación que comparten un conjunto de personas, una herramienta social cuya principal función, hemos dicho, es la de comunicarse.

En conclusión, **la comunicación es más amplia que el lenguaje**. Así, cuando alguien esté preocupado porque su hijo pequeño no habla, tendrá que observar si tampoco se comunica, pues puede tener alguna dificultad para el lenguaje y, sin embargo, ningún problema para la comunicación (por ejemplo, esta situación puede presentarse en un niño que tenga una pérdida auditiva importante).

¿Qué es lengua? ¿Qué es habla?

El lenguaje que forma parte de la cultura de un país o nación es lo que se suele llamar idioma o **lengua**.

Existen diversos modos de uso de la lengua: hablado, escrito o signado. Este último hace referencia al código lingüístico empleado por las personas sordas. No sería adecuado llamarlas "lenguas de gestos" o "mímica", puesto que estos conceptos se refieren a movimientos corporales, faciales, etc., sin carácter lingüístico necesariamente. Así, el "lenguaje de signos" equivale al sistema de comunicación, mientras que "lengua de signos" sería el uso concreto de dicho lenguaje en una determinada zona geográfica o cultural, como la Lengua de Signos Española o la Americana. Desde el año 2007, la Lengua de Signos Española ha sido reconocida oficialmente[1].

De las lenguas se dice que están "vivas", puesto que evolucionan, cambian y se amplían. Podemos comprobarlo en nuestra vida cotidiana, donde a diario se van introduciendo nuevas palabras, como por ejemplo, *internet*, *clonar* o *footing*. La Real Academia de la Lengua Española es la encargada de estudiar y aceptar estos cambios. La mayoría de ellos suele ser fruto de la influencia de otras lenguas y de los avances tecnológicos o científicos.

La relación entre los conceptos comentados se puede representar con esta imagen:

$$\text{COMUNICACIÓN} \begin{cases} \text{LENGUAJE} \begin{cases} \text{LENGUAS} \begin{cases} \text{Oral} \\ \text{Escrita} \\ \text{Signos} \end{cases} \end{cases} \end{cases}$$

---

[1] Ley 27/2007, publicada en el BOE (Boletín Oficial del Estado).

En este contexto, la lengua hablada o lengua oral es lo que se conoce como **habla**. Cuando hablamos, el significado del mensaje que se comunica depende de las palabras que se digan y, además, de otros elementos que no son propiamente del lenguaje:

- Por ejemplo, una madre que pregunta a su hija adolescente *"¿puedes colgar el teléfono?"* no quiere saber si la hija puede colgar en ese momento o si necesita ayuda para hacerlo, sino que, por la forma de transmitir su mensaje, le está dando una orden. Esto se debe a que la velocidad al hablar, la entonación, las pausas... informan al receptor del estado de ánimo del emisor y determinan variaciones en el significado del mensaje. En este caso, lo más eficaz sería directamente decir *"cuelga el teléfono"*, para evitar dar pie a la hija a responder *"todavía no puedo"* y que la madre se la encuentre otra hora hablando por teléfono.

- Por otra parte, el contacto ocular, la distancia física o la expresión facial, los movimientos de cabeza, la postura corporal, etc. también influyen en el significado de lo que se quiere decir. Estos elementos no son iguales en todas las culturas, de forma que lo que en un país es aceptable, en otros se considera ofensivo o tiene un significado diferente, o incluso contrario. Curioso ¿no?

¿Sabías que...?

La comunicación no verbal es diferente según las culturas. Así, para los habitantes de muchos países como España el gesto de mover la cabeza hacia arriba y hacia abajo significa "sí", pero en algunos lugares de Grecia o Turquía significa "no".

El lenguaje no está aislado

El desarrollo de la comunicación y el lenguaje no es independiente de los otros ámbitos de la persona. Algunas de estas relaciones son muy evidentes, como en el caso de los bebés que, para hablar, necesitan aprender a controlar los músculos que se utilizan para producir los sonidos.

Sin embargo, otros temas siguen siendo investigados por los expertos y no llegan a ponerse de acuerdo. Es lo que ocurre con la relación entre el pensamiento, la comunicación y el lenguaje. Unos defienden que el lenguaje es lo que hace que se desarrolle la inteligencia; otros afirman lo contrario; también hay quien dice que son independientes pero que se influyen mutuamente; incluso algunos afirman que todas las hipótesis son válidas.

Lo que sí está claro es que, para adquirir el lenguaje, el niño necesita cierto desarrollo previo. A lo largo de los siguientes capítulos conoceremos cómo ocurre dicho proceso en la primera infancia: el inicio de la comunicación y la transición hacia el lenguaje, así como su evolución hasta los 3 años aproximadamente. En este contexto, los distintos ámbitos del desarrollo (comunicativo-lingüístico, socio-afectivo, intelectual y motriz) se interrelacionan y progresan de manera interdependiente.

II. LA COMUNICACIÓN EMPIEZA ANTES DE APRENDER A HABLAR

El vínculo emocional que se establece entre un recién nacido y la o las personas que le cuidan tiene un valor decisivo en su desarrollo.

De forma natural, los niños nacen orientados hacia dicha relación afectiva, llamada **apego**, la cual aporta al bebé la seguridad, protección y atención que necesita para ir construyendo una adecuada relación con el mundo que le rodea. A su vez, la comunicación entre bebés y adultos, que se inicia tempranamente a través de miradas, gestos, caricias y palabras, favorece la construcción de un apego seguro.

Sentirse a gusto, escuchado, querido, facilita la adquisición de herramientas para un desarrollo lingüístico adecuado, avances en el desarrollo motor (del movimiento) y logros a nivel intelectual.

> ➤ DURANTE EL EMBARAZO
>
> ➤ QUÉ ES UNA ACCIÓN COMUNICATIVA
>
> ➤ PRINCIPALES ETAPAS DEL DESARROLLO COMUNICATIVO

Durante el embarazo

En la actualidad, existen muchísimos estudios enfocados al conocimiento de los aspectos físicos y de los cuidados que la futura mamá y su bebé precisan a lo largo del embarazo.

Por este motivo, cada día es más fácil encontrar guías, revistas, libros y páginas web sobre el tema. También hay mayor conciencia de la importancia de acudir a clases de preparación al parto y se presta más atención a la alimentación, al descanso y otros hábitos beneficiosos.

Se ha demostrado que, ya dentro del útero materno, el futuro bebé comienza a desarrollar ciertas **capacidades sensoriales**. Desde el sexto mes de embarazo el feto cuenta con oído, olfato, gusto y tacto. De estos sistemas, el auditivo es el que más se desarrolla antes del nacimiento.

Se han realizado investigaciones que concluyen que, durante la etapa prenatal, el desarrollo de la audición del feto le permite detectar sonidos extrauterinos.

> **¿Sabías que…?**
>
> Gracias al precoz desarrollo de la audición, el feto es capaz de reaccionar ante distintos estilos musicales.

Parece ser que, en los últimos meses del embarazo, el futuro bebé puede percibir el habla, reconociendo la melodía, las pautas del ritmo, la entonación. Esto le permitirá reconocer muy pronto la voz de su madre y su lengua materna. También puede distinguir el lenguaje frente a otros sonidos, como la música.

Otras disciplinas de investigación van surgiendo en los últimos años, centradas, en este caso, en la psicología y el estudio neurológico del bebé antes de nacer y durante el alumbramiento. Algunas de estos estudios se basan en los sorprendentes recuerdos que niños y jóvenes han sido capaces de describir, referidos a los estímulos que recibieron cuando aún no habían nacido.

En este contexto, actualmente existen programas de actividades dirigidos a conectar con el bebé antes de su nacimiento. No van destinados solamente a la madre, sino que pretenden también implicar al resto de personas que conviven en su familia (papá, hermanos mayores, abuelos). Su objetivo es favorecer la salud física, emocional e intelectual del futuro niño mediante una forma de comunicación centrada en estímulos naturales: la música, el habla, el movimiento, la relajación, etc.

Otras líneas de trabajo, en nuestra opinión, más "sensacionalistas", se dirigen hacia la estimulación del feto con fines intelectuales y casi "mágicos", buscando convertir a los bebés en pequeños genios casi antes de nacer.

De toda esta información podemos concluir algo relevante: durante el embarazo, el bebé no está aislado en una cápsula blindada e insonorizada, ni tampoco es totalmente pasivo. Por ello, pensamos que en esta etapa es posible empezar a crear un vínculo de afecto y comunicación que crecerá después del nacimiento y ayudará a su desarrollo.

Las acciones comunicativas

La comunicación se apoya, desde sus inicios, en la interacción entre el bebé y su figura de apego.

El niño recién nacido realiza una serie muy limitada de conductas, muchas de ellas fisiológicas, como pueden ser el llanto, el pataleo, la succión, etc.

Gracias a la intervención del adulto que le atiende y de las capacidades que tienen los bebés, el desarrollo sigue avanzando y el repertorio de las conductas se va ampliando.

En el área comunicativa, el adulto dota de significado a los primeros movimientos y gestos, a las primeras emisiones de sonidos, a los llantos, permitiendo al bebé conocer su entorno y hacerlo más predecible.

Veremos cómo se desarrolla este proceso, el establecimiento de la comunicación entre adultos y bebés, y como dará paso a la adquisición del lenguaje.

Un sencillo ejemplo real servirá para definir las **acciones comunicativas** de los bebés.

EJEMPLO:

A la edad de 1 año, Paulita señala con el dedo a su muñeco favorito y mira después a su mamá, emitiendo vocalizaciones (sonidos similares a vocales y consonantes) y grititos.

Si analizamos esta acción, vemos que:

- tiene una **motivación** (lo hace por algo), ya que quiere llamar la atención sobre el muñeco.

- persigue un **fin** (lo hace para algo), seguramente que le demos el muñeco para jugar.

- lo ha hecho utilizando **signos**, como es el empleo del dedo para señalar o los sonidos.

Éstas que acabamos de nombrar son las características que determinan que una acción realizada por el niño se pueda considerar comunicativa.

Así pues, las acciones comunicativas son:

Intencionales: son acerca de algo, tienen un contenido.

Intencionadas: es decir, tienen un objetivo, un propósito.

Se realizan mediante signos: gestos manuales, sonidos o palabras.

} CARACTERÍSTICAS DE LAS ACCIONES COMUNICATIVAS

El ejemplo descrito se refiere a una acción comunicativa de una niña de 12 meses, que ya es capaz de elaborar una conducta como la referida. Sin embargo, los neonatos realizan otras conductas espontáneas (llanto, ruiditos...) que no son por sí mismas acciones comunicativas.

¿Cómo llegan los bebés a realizar acciones con el objetivo de comunicarse?

Los expertos responden a esta cuestión explicando tres razones fundamentales:

• Gracias al "equipamiento" biológico que traen los bebés desde que nacen.

• Gracias a la intervención que realizan los adultos que los cuidan.

• Gracias a un proceso de "construcción" que se realiza a lo largo de los primeros años de vida.

Equipamiento biológico

✓ *Ritmos vitales:*
Controlan las actividades básicas del bebé: horas de sueño, vigilia o la alimentación.

✓ *Los reflejos:*
Son las respuestas involuntarias ante los estímulos y dan muestra de la actividad del bebé en su nuevo entorno. De hecho, al recién nacido se le hace una serie de pruebas para comprobar el estado de dichos reflejos.

✓ *Los sentidos:*
Diseñados para recibir información. El neonato tiene el sentido del oído muy desarrollado y, por el contrario, la vista es el que más tarda en adaptarse al nuevo medio.

✓ *El llanto y la sonrisa:*
Transmiten información. El bebé aprende muy rápido a asociarlos con las respuestas de los adultos de su entorno.

✓ *Plasticidad cerebral:*
Este término hace referencia a que el cerebro del recién nacido no está totalmente organizado al nacer, se tiene que ir completando y esto facilita que el medio exterior pueda influir en el bebé.

Como ya hemos visto, el **equipamiento biológico**, hace referencia a los sistemas con los que nace el bebé, que le sirven para adaptarse y relacionarse con el mundo que le rodea.

A través del llanto, de expresiones de la cara, de movimientos corporales o de sonidos, los padres, madres o cuidadores interpretamos las señales emitidas por los bebés, dándoles un **valor comunicativo**, es decir, nos dan información acerca del estado en que se encuentran y nosotros podemos responder de la manera más adecuada posible.

Por ejemplo, una acción como llorar, que suele manifestar una necesidad del recién nacido, consigue que nos acerquemos para comprobar su estado, ver si tiene pipí, si tiene hambre o si quiere compañía.

¿Sabías que los bebés...

❖ Tienen una fuerte preferencia hacia la voz humana.

❖ Identifican muy pronto la voz de su madre y su lengua materna.

❖ Prefieren los rostros humanos antes que otros estímulos visuales.

❖ Emparejan los rostros con las voces, prestando más atención a las caras habladoras que a las silenciosas.

Debido al significado que le atribuimos los adultos de apego, con el paso del tiempo, estas señales que emiten los bebés gracias a los "equipamientos de serie" (biológicos) con los que nacen, se van transformando en nuevas conductas.

El bebé va descubriendo que puede, mediante sus acciones, intervenir en el entorno que le rodea.

EJEMPLOS:

✓ Provocando un suceso: llora cuando quiere comer.

✓ Alargando o repitiendo una actividad que le interesa: ríe a carcajadas si quiere más cosquillas.

✓ Deteniendo lo que no le atrae: lanza al suelo el juguete que le ofrecemos.

Dichas acciones se irán enriqueciendo y haciéndose más complejas poco a poco.

Con estas conductas, el bebé pretende establecer comunicación con las personas de su entorno. Así, va construyendo su **intención** de comunicarse.

Es justamente en este momento, cuando los pequeños realizan actos comunicativos de manera voluntaria, cuando empezamos a hablar de **comunicación intencional.**

La comunicación intencional es un paso fundamental en el desarrollo del bebé, y un indicador del progreso en:

• El desarrollo **motor**, relacionado con el control y coordinación de los movimientos corporales. Se observa que el niño empieza a señalar o a moverse hacia los objetos de su interés.

• El desarrollo del **pensamiento,** ya que empieza a reconocer personas y objetos, a tener contenidos mentales.

• El desarrollo **social y afectivo**, puesto que está iniciando su relación con otras personas y estableciendo vínculos con ellas.

Principales etapas del desarrollo comunicativo

Son varias las fases que sigue un bebé, desde que nace hasta que empieza a adquirir el lenguaje oral. Las más importantes son:

FASES DEL DESARROLLO COMUNICATIVO	
Hasta 2 ó 3 meses	El recién nacido
Hasta 6 ó 8 meses	Las conductas anticipatorias
Entre 8 y 12 meses	La comunicación intencional
Entre 12 y 18 meses	Gestos y vocalizaciones

El recién nacido (hasta 2-3 meses)

Desde el nacimiento hasta las 4 ó 6 semanas, los bebés son poco activos en sus interacciones con los adultos. Todo el mundo sabe que pasan la mayor parte del tiempo durmiendo, aunque algunos más de día que de noche.

Sin embargo, a partir de los 2 meses comienzan a mostrar comportamientos que favorecen el intercambio de comunicación.

Entre esas conductas, podemos destacar dos muy importantes:

a) la aparición de la *sonrisa social* y el uso de movimientos, sonidos y miradas de manera más activa y coordinada.

b) la construcción de *formatos* entre el adulto y el bebé.

¿Qué es la **sonrisa social**?

Si bien la sonrisa en un recién nacido es una mueca innata y natural, cuando va pasando el tiempo es uno de los primeros gestos que el niño aprende a realizar de manera **voluntaria**, llamándose entonces sonrisa social.

El bebé asocia su sonrisa con las reacciones de alegría y cariño, de los adultos que le rodeamos. Así aprende rápidamente que, cuanto más sonríe, más respuestas positivas recibe.

A partir de los 3 ó 4 meses las sonrisas se hacen más amplias y los niños comienzan a reír, sobre todo en situaciones de interacción social.

¿Qué son los **formatos**?

Esta palabra, más utilizada por los expertos, hace referencia a las **secuencias** que realizan los adultos con sus hijos, casi siempre de la misma manera y con unas "reglas" que han establecido entre ambos.

Suelen emplearse en las rutinas de la vida cotidiana y facilitan al bebé la comprensión del mundo que le rodea, ya que le permiten saber qué pasará y de qué manera.

EJEMPLO:

Uno de los formatos más básicos y que casi todos los padres, madres, tíos, tías, abuelos y abuelas habrán utilizado: el Cú-cú. El adulto se tapa la cara con las manos y cuando la descubre dice "cú-cú". Espera la respuesta del bebé, que puede ser una mirada, una sonrisa o un gesto y vuelve a repetir la acción. (Hay muchas variantes de este juego, pero esencialmente siguen una rutina parecida).

Con el paso del tiempo, este juego ya es conocido por el niño y puede anticipar qué pasará, sabiendo qué va a hacer cada uno y cuál es su turno.

EJEMPLO:

A la hora del baño, un padre empieza a preparar lo necesario para el mismo y le pregunta a su bebé "¿quién se va a bañar?", y espera una contestación del niño, que puede ser una sonrisa, un sonido, un gesto, etc. Cuando le ha contestado, empieza a quitarle la ropita y le dice cosas como: "¿a quién le gusta el baño?", "¿a mi niño?". El niño contesta de alguna manera y ellos continúan con la rutina del baño.

Como resultado, juntos han construido una secuencia más o menos estable, que se repite en cada baño, en la que el adulto guía el proceso y que permite al bebé anticipar lo que va pasar y conocer más de su entorno.

Las conductas anticipatorias (hasta 6-8 meses)

En esta fase, lo más significativo es que los bebés avanzan en los siguientes procesos:

- Interesarse por los objetos y sucesos que ocurren a su alrededor.

- Participar más activamente en relación con ambos.

Respecto al primero de los procesos señalados, hay dos aspectos que favorecen el aumento del **interés** del bebé en relación con los objetos que le rodean:

a) por una parte, el niño va progresando en el control de su cuerpo y en el desarrollo motor fino, como puede ser la mejora de la precisión al agarrar las cosas. Esto le facilita mucho el acceso y el conocimiento de dichos objetos.

b) por otra parte, los adultos colaboramos poniendo a su alcance objetos que les resultan atractivos y les familiarizamos con ellos.

EJEMPLO:

El abuelo ha traído otro muñeco a su nieta Paula. Se lo muestra y lo describe, resaltando las características más llamativas del mismo: "¿has visto el muñeco que te ha traído el abuelito? Qué blandito es, es de color amarillo, tiene un pico naranja, una colita y dos patas, dice "cua cua"… ¡es un patito! Te gusta mucho, pues agárralo tú, así, muy bien". La niña mira atentamente el muñeco, sonríe e intenta agarrarlo cuando el abuelo se lo acerca.

En segundo lugar, en cuanto a la **participación** del bebé en la vida cotidiana, se observa que es cada vez más activa, mostrando progresivamente más atención hacia lo que ocurre a su alrededor. En las rutinas de interacción que desarrollamos con nuestro bebé cada día, como la comida, el baño o los juegos, los adultos iniciamos y repetimos unas acciones que el niño poco a poco aprende a anticipar. Así, el bebé es capaz de repetir la secuencia para continuar la interacción: son las llamadas **conductas anticipatorias**.

Estas actividades que se desarrollan de manera regular y predecible ayudan al pequeño a adaptar su comportamiento en consonancia con el contexto, contribuyen a su desarrollo cognitivo y social y forman la base de los procesos de comunicación.

EJEMPLO:

Después del baño, la mamá juega a esconder el patito de goma tras su espalda y pregunta a Pablito: "¿dónde está el patito?, ¿no está?". El bebé empezará a buscar el patito, hasta que mamá se lo da diciendo "¡aquí está el patito!". Después de que se repita esta acción varias veces llegará un momento en el que el propio niño le dará el patito a la madre para que lo esconda. Ésta es una acción que anticipa lo que sigue, en un contexto determinado que hemos iniciado los adultos, en este caso la mamá.

El inicio de la comunicación intencional (de los 8 a 12 meses)

Lo que define esta etapa, fundamentalmente, es que el bebé ya comienza a realizar conductas que esperan una respuesta del adulto, de manera intencional, con un **objetivo**.

Como ya hemos visto, los formatos o las situaciones estructuradas que hemos construido con nuestros hijos son el escenario idóneo para que tomen la iniciativa y comiencen a expresar sus intereses.

Estas situaciones son facilitadoras, ya que cuidadores y bebés se prestan atención mutuamente y/o realizan acciones de manera conjunta: se miran a los ojos, atienden a las respuestas faciales o gestuales, manipulan objetos elegidos, realizan acciones en función de lo que hace el otro, etc. Son los llamados **formatos de acción o atención conjunta** y son considerados requisitos fundamentales para el desarrollo de la comunicación intencional.

En un contexto de juego, la niña mira a su padre y, cuando está segura de que se ha producido el contacto ocular, mira a su peluche preferido al mismo tiempo que señala con el dedo. Luego, el papá mira al peluche también y le dice: "¿quieres que invitemos a Pintas para que juegue con nosotros?". Tomando el muñeco e incorporándolo al juego añade: "¡qué bien, ya somos uno más!". En otro momento, mira una foto de su abuelita y vocaliza contenta. El papá le contesta: "sí, es la abuela, ¿tienes ganas de verla? Pues esta tarde va a venir a casa a verte, qué bien".

De esta forma, los bebés aprenden a señalar objetos para incluirlos en los juegos o a realizar gestos y vocalizaciones sobre otros objetos o personas para que se diga algo sobre ellos. Como vemos, comienzan a desarrollar nuevas funciones comunicativas.

¿Sabías que …

En el caso de los niños sordos, su atención está dividida, ya que prestan atención a los objetos y a las personas de forma sucesiva, no simultánea. Al dirigirnos a ellos, daremos tiempo para mirar los objetos y esperaremos a hablarles cuando ya nos miren (esto favorece la comprensión y la lectura labial).

Nos centraremos en este tema al final del capítulo, dedicado al nivel pragmático del lenguaje.

Gestos comunicativos y vocalizaciones (de 12 a 18 meses)

En este período, las conductas comunicativas iniciales se consolidan y comienza la **transición** hacia la comunicación lingüística.

En los formatos de acción y atención conjunta, propios de la etapa anterior, el bebé utilizaba recursos más limitados, como miradas, expresiones faciales o acciones reflejas. A partir de ahora, amplía su repertorio con gestos y vocalizaciones.

Para comunicarse, el bebé se apoya en gestos o sonidos cuyo significado se ha establecido entre ambos interlocutores.

EJEMPLO:

Para pedir que le bajen al suelo, Paulita emplea la expresión "aguó". Tiene el significado, de "bájame al suelo", pero este significado compartido sólo lo saben sus cuidadores y ella. Fuera de ese contexto esta producción no tendría una función comunicativa, puesto que nadie sabría a qué se refiere.

Adultos y bebés comparten significados, a partir de su relación cotidiana, sentando así las bases para avanzar hacia la comunicación lingüística.

¿Qué diferencias hay entre esta comunicación y la lingüística?

En la comunicación no lingüística (o **pre-lingüística**, puesto que es anterior a la adquisición del lenguaje) los significados son fruto de un conocimiento previo, de una construcción conjunta.

Sin embargo, cuando se utiliza el lenguaje como medio de comunicación, los sonidos y los signos empleados son ya sabidos por una comunidad entera, sin necesidad de que sus miembros se conozcan previamente, son convencionales y aceptados por todos.

Así, cuando los niños acceden al lenguaje, amplían sus posibilidades de comunicación de manera espectacular, pasando de relacionarse básicamente en el ámbito familiar a formar parte de nuestra sociedad.

III. APRENDER A HABLAR: ADQUISICIÓN Y DESARROLLO DEL LENGUAJE

Cuando el bebé nace, posee los recursos necesarios para iniciar su interacción con las personas que conviven con él. Hemos visto que, incluso antes de nacer, su organismo se prepara para percibir los estímulos que le rodean. También hemos explicado el papel que desempeñan los adultos, ayudando a construir su intención comunicativa.

En este capítulo, nos centraremos en la adquisición y desarrollo del lenguaje oral hasta los 3-4 años aproximadamente, repasando las principales etapas que siguen los niños a lo largo de este proceso.

Insistimos en recordar que las edades que se muestran son orientativas, pues cada niño tiene un proceso madurativo diferente.

Debido a su complejidad, para analizar mejor la adquisición y el desarrollo del lenguaje oral, se describen distintas áreas o niveles:

- **Fonológico**, relativo a la adquisición de los sonidos propios de su lengua.

- **Semántico**, referido al uso y comprensión de las palabras.

- **Morfológico**, del empleo adecuado de los morfemas (unidades gramaticales de género, número, terminaciones verbales, etc.)

- **Sintáctico**, referido a la construcción de las frases y sus diferentes tipos.

- **Pragmático** o del uso del lenguaje.

Para facilitar la comprensión de cómo tiene lugar el desarrollo del lenguaje revisaremos de manera independiente cada uno de los niveles. Sin embargo, no debemos olvidar que este desarrollo se produce de manera conjunta y que los niveles lingüísticos se influyen entre sí.

> ➤ ADQUIRIR LOS SONIDOS
>
> ➤ CONOCER EL SIGNIFICADO
>
> ➤ FORMAR PALABRAS
>
> ➤ CONSTRUIR FRASES
>
> ➤ USAR EL LENGUAJE

Adquirir los sonidos de la lengua: el desarrollo fonológico

El bebé recién nacido empieza con la tarea de preparación de sus órganos articulatorios, para la emisión de sonidos ¡quién no ha escuchado a un bebé en un "concierto" nocturno!

DESARROLLO FONOLÓGICO	
0-16 semanas	Vocalizaciones reflejas Sonidos vegetativos, llantos, arrullos y risas
16-30 semanas	Juego vocálico
6-10 meses	Balbuceo reduplicado
10-14 meses	Jerga Balbuceo no reduplicado
Desde 14 meses	Transición a la palabra

La primera etapa: el balbuceo

Esta etapa engloba los cuatro primeros estadios que se señalan en la tabla anterior. A continuación, vamos a ver de manera más minuciosa cómo es este desarrollo.

0-16 *semanas*

Desde que nace, el bebé emite sonidos, como pueden ser el llanto o sonidos **vegetativos** (hipo, tos, estornudos, etc.).

A medida que el bebé va creciendo, a lo largo de los primeros cuatro meses, podemos reconocer dichos sonidos asociados a conductas vegetativas, llantos y quejidos, y comienzan a aparecer sonidos asociados con arrullos, risas y situaciones placenteras.

16-30 *semanas*

En la etapa del **juego vocálico**, los bebés empiezan a "ensayar" sonidos que se consideran precursores de las emisiones adultas, son los llamados "ruidos consonánticos".

Estaríamos hablando de chasquidos, gorjeos y otros sonidos, que dependen del control muscular, la saliva, la apertura de la boca, etc. Es la etapa del *"ajo"*, conocida así porque los niños repiten esta "palabra" a menudo.

6-10 *meses*

El siguiente paso en este proceso es la llegada del **balbuceo**, que se considera que se produce cuando se unen una consonante con una vocal: *"ma", "pa"*... Si se pronuncian de manera seguida, hablamos de balbuceo reduplicado: *"mamamama"*.

10-14 *meses*

El nuevo avance en la adquisición de los sonidos de la lengua es la aparición del **balbuceo no reduplicado**, que consiste en la emisión de cadenas de consonante y vocal, donde la consonante va cambiando. Ya se parecen más a las palabras: *"tama" (cama), "pete" (chupete)*…, por su estructura y también por su longitud más corta.

En esta etapa se inicia, además, la **jerga** que ya es un tipo de producción parecida al habla, por sus sonidos y por su entonación. Es típico escuchar a los padres diciendo *"parece que mi hijo habla, pero no se le entiende nada"*.

**¿Sabías que…
el balbuceo es muy importante para:**

❖ Ejercitar movimientos necesarios para el habla.

❖ Practicar con los sonidos.

❖ Relacionar los movimientos de la boca con los sonidos que se producen.

Comenzando a hablar: del balbuceo a la aparición del lenguaje

Este momento tan importante suele tener lugar alrededor del año, sin olvidar, por supuesto, que siempre hay diferencias en el desarrollo entre unos niños y otros.

En esta etapa de **transición**, nos seguimos encontrando con los sonidos de juego, que se emiten en situaciones placenteras. También con la jerga, que consistía en producción de sonidos similares al habla y con una entonación parecida.

EJEMPLO:

Una niña de un año, al ir a dormirse dice "apí", al mismo tiempo que señala su chupete. Siempre en ese contexto emite la misma protopalabra y con la misma intención, que se lo den para dormirse.

¿A qué se refiere el término **protopalabra**?

Las protopalabras se podrían entender como "casi-palabras" o "proyectos de palabras", puesto que son aquellas emisiones del bebé que:

• son estables, es decir, que siempre tienen los mismos sonidos.

• se aíslan fácilmente como unidades, pues tienen forma similar a las palabras.

• y aparecen en contextos determinados, acompañadas de gestos.

Las protopalabras, debido a estas características, también son llamadas **formas fonéticamente consistentes** (FFC). Las protopalabras o FFC constituyen el avance fundamental de esta etapa.

Como hemos visto, los bebés adquieren los sonidos de su lengua de manera gradual, aproximándose a los sonidos adultos. En este proceso, los niños demuestran su capacidad de adaptación.

Para ello, ponen en marcha unas **estrategias** que les permiten cierto uso del lenguaje oral, según su nivel de maduración.

Dicho uso del lenguaje, aunque incompleto, es suficiente para que los niños pequeños puedan participar cada vez más activamente en las interacciones comunicativas. En nuestra opinión, este hecho es muy importante, ya que:

- favorece el desarrollo de nuevas funciones de la comunicación, puesto que no se detiene la participación en situaciones de interacción, sino que se amplía.

- ayuda a que continúen practicando los sonidos que van aprendiendo.

- les da más oportunidades de recibir el modelo correcto de las palabras que van adquiriendo (feedback) y contrastarlo con sus producciones, por lo que pueden ir autocorrigiendo su habla.

¿Cómo se aproximan los niños a las palabras?

Los expertos explican que principalmente lo hacen empleando dos tipos de mecanismos, que se clasifican según el grado de aproximación al lenguaje adulto: unos se alejan menos de este modelo, mientras que otros originan una forma de hablar más "distorsionada".

Así, en el primer tipo se encuentran:

Evitación, es decir, que el bebé evita usar las palabras que contienen sonidos que le cuesta trabajo pronunciar.

Explotación de sus sonidos favoritos, es el caso contrario al anterior; nuestro bebé emplea más frecuentemente las palabras que contienen los sonidos que más le gustan.

Y, en el segundo grupo:

Sustitución, se cambia el sonido que se quiere evitar por otro más fácil de emplear. Si le resulta difícil decir la palabra *"come"*, seguramente la cambiará por *"tome"*.

Reducción (procesos que tienen relación con la estructura de las sílabas): los niños simplifican la emisión de determinadas combinaciones de sonidos que les resultan complicadas. Por ejemplo, para decir la palabra *"este"*, encuentra dificultad en pronunciar una consonante delante de otra, por lo que la elimina y dice *"ete"*.

Asimilación, a través de los cuales los niños y niñas tienden a pronunciar de la misma manera distintos sonidos que aparecen en una palabra. Así, ante la palabra *"lata"*, el bebé pronunciaría *"tata"*.

Los errores de la pronunciación del habla de los niños pequeños se conocen como dislalias evolutivas. Nos referiremos a ellos en la segunda parte del libro, en el apartado III "Más vale prevenir", donde resumiremos el progreso de los sonidos que adquieren nuestros niños y recomendaremos pautas para actuar de forma positiva.

Conocer el significado de las palabras: el desarrollo semántico

Se considera que la palabra es la unidad del significado. Las personas aprendemos a lo largo de nuestras vidas lo que significan muchas palabras, que forman el **lexicón** de cada individuo, algo así como el "diccionario" personal de cada uno. Este proceso no acaba nunca y estamos siempre incorporando nuevas adquisiciones.

El significado de cada palabra engloba las propiedades del objeto, suceso o evento al que hace referencia. Estas propiedades nos informan de sus características físicas, de su funcionalidad, de su comportamiento, de su historia, etc.

El aprendizaje del vocabulario comienza con la adquisición de palabras cuyo referente es físico y cercano al bebé, como por ejemplo, *mamá, papá* o *chupete.*

Más tarde se irán aprendiendo palabras cuyo referente no está presente o que es abstracto, lo que sucede más adelante, como por ejemplo, *la paz, el amor* o *las ideas.*

AUMENTO DEL DESARROLLO SEMÁNTICO	
11 meses	*1 palabra*
1 año 3 meses	*10 palabras*
1 año 7 meses	*50 palabras*
2 años	*450 palabras*
2 años 6 meses	*950 palabras*
4 años	*2.450 palabras*

Según los estudios que se han realizado con niños pequeños, hay un desfase entre la **comprensión** y la **producción** de las palabras. Así, mientras que la comprensión de las primeras palabras suele aparecer alrededor de los nueve meses, como término medio, la producción comenzaría alrededor del año.

El primer nivel del desarrollo semántico

Como se ha dicho antes, la producción de las primeras palabras comienza alrededor del año, salvando las diferencias individuales que marcan cualquier etapa del desarrollo.

En estos primeros momentos, las palabras se emiten de forma aislada y encierran en ellas el valor de una frase adulta, llamándose esta etapa holofrástica o de la **holofrase**.

EJEMPLO:

El bebé dice "papá", mirándole y alzando sus brazos hacia él, por lo cual podríamos deducir que el significado completo sería *"quiero que mi papá me suba en brazos"*.

De los 12 a los 18 meses, aproximadamente, los bebés adquieren sus primeras **cincuenta palabras**, que suelen estar relacionadas con su contexto más inmediato o con acciones y acontecimientos que se producen a su alrededor.

Nos referimos a las palabras producidas en los formatos de acción o atención conjuntas, mencionados en el capítulo II, "La comunicación empieza antes de aprender a hablar". En estas situaciones, generalmente rutinas cotidianas o juegos recíprocos, los adultos hemos ido nombrando los objetos, acciones y personas más cercanos al niño. A partir de ahora, el pequeño comienza a emplear este vocabulario.

La mayoría de las primeras palabras se refieren a:

- personas y animales (*mamá, papá, nene, perro, gato*)

- comidas (*papilla, leche, agua, pan*)

- prendas de vestir (*vestido, zapatos, camiseta*)

- partes del cuerpo (*boca, nariz, mano, pies*)

- utensilios cotidianos (*plato, cuchara, cama*)

- algunas acciones (*comer, dormir, jugar*)

- adjetivos (*bueno, malo, guapo*)

- saludos (*hola, adiós*)

EJEMPLO:

Pablo, al cumplir un año, decía "gúa" mientras señalaba hacia la ventana. Al principio parecía que decía "agua", palabra que es más común escuchar a los niños de esta edad. Sin embargo, puesto que estaban construyendo un edificio junto a su casa, fue el contexto y la acción de señalar lo que acercó a sus papás al verdadero significado: "la grúa", o quizá "mira la grúa".

¿Sabías que…

❖ En su lenguaje inicial, algunos niños aprenden un mayor número de sustantivos. Los expertos llaman "referencial" a este estilo de aprendizaje.

❖ Otros, en cambio, aprenden primero más frases hechas y menos nombres. A este estilo lo llaman "expresivo".

❖ La forma de comunicarnos con nuestros hijos también influye en su estilo de aprendizaje.

Como se ve por el anterior ejemplo, los niños también aprenden otras palabras que, sin ser propias de este primer nivel de significados, han escuchado con frecuencia en casa. Este hecho pone en evidencia la influencia del contexto en que cada niño aprende.

La "explosión del vocabulario"

Entre el año y medio y los dos años se produce lo que muchos autores han llamado el "descubrimiento de la designación" o la "explosión del vocabulario".

En esta etapa, los niños pasan de manejar un vocabulario de 50 palabras a unas 450. Se relaciona este salto cualitativo y cuantitativo (en calidad y cantidad) con el desarrollo intelectual y con el descubrimiento de que las palabras sirven para representar conceptos, acciones, sucesos, relaciones, etc.

Durante este período de aumento acelerado del léxico, el niño comienza con el uso de los primeros morfemas, la combinación de palabras para formar frases y utiliza sus frases con diferentes objetivos. Todo ello lo veremos en apartados siguientes.

Así, los bebés, además de aumentar el vocabulario del nivel anterior, empezarán con el uso de artículos, de pronombres, de los adjetivos referidos a dimensiones (*grande, pequeño, corto*) y de verbos con poca complejidad en su significado (*dar, tomar, andar*).

Para llevar a cabo este proceso, el bebé cuenta con herramientas internas como son las distintas capacidades sensoriales (vista, oído, gusto…), la atención que presta, los estilos cognitivos y muchas más. También necesita que los adultos le facilitemos los procesos de aprendizaje.

En este sentido, el lenguaje dirigido a los niños y niñas, que analizaremos más tarde, es muy importante para que dicho aprendizaje sea más eficaz.

Durante el proceso de construcción del significado, los niños utilizan unas estrategias características que irán desapareciendo a medida que se van afinando los conceptos y las palabras. Son otro tipo de errores "normales", propios de la adquisición del lenguaje.

Los principales procesos empleados por los niños a estas edades son las *sobreextensiones* y las *infraextensiones,* en ambos casos, se utilizan las palabras con un significado que no equivale al del lenguaje de los adultos.

¿Qué es la **sobreextensión**?

Es la estrategia más empleada y hace referencia a la **ampliación** del campo semántico de una palabra, en base a una de sus características o funcionalidades. Así pues, el niño le otorga a las palabras un significado más amplio que el que les corresponde en el lenguaje adulto.

EJEMPLO:

Cuando empleamos la palabra "papa" para hacer referencia a la comida de nuestro bebé ("vamos, Pablito que es la hora de la papa, ¡um, qué rica está!"), Pablo la utilizará para designar la comida, para referirse a los cubiertos y enseres de la comida e incluso para el momento de comer.

Paulatinamente, los niños van incorporando características a las palabras que conocen, lo que irá concretando su significado y facilitará que el término empleado sea más concreto y específico.

¿Y la **infraextensión**?

En cuanto a la infraextensión, según los estudios realizados, es más empleada en los procesos de comprensión, que en los de producción. Se refiere a la utilización de una palabra sólo para un uso de los múltiples que puede tener, es decir sería una **restricción** del significado.

EJEMPLO:

Paula sólo llama "guau" al perrito que tiene en su casa, pero a los que ve por la calle no los califica con ese término.

Aprender las formas de las palabras: el desarrollo morfológico

Los morfemas son aquellas partes de la palabra que la hacen variar, como pueden ser el género, el número y los diferentes aspectos verbales, tiempo, modo, etc. Como podemos comprobar, son elementos difíciles de manejar por su significado, por la posición en la palabra y por su alto nivel de complejidad.

Pero, algunas investigaciones concluyen que los niños pequeños demuestran grandes capacidades para aprender reglas en el uso de los morfemas y para detectar los patrones correctos de construcción de palabras y frases.

No es fácil encontrar hipótesis confirmadas sobre este tema referidas a la lengua española. Sin embargo, sí es seguro que los adultos podemos favorecer la adquisición de este nivel.

En este aspecto del lenguaje, el niño progresa desde un uso escaso e incompleto de las palabras y frases, hacia una mayor complejidad y corrección.

Son etapas propias de este proceso:

FASES DEL DESARROLLO MORFOLÓGICO	
18 a 24 meses	Empleo primeras formas
24 a 36 meses	Comienzo uso sistemático
36 a 48 meses	Consolidación en el uso

Empleo de las primeras formas (18 a 24 meses)

En esta etapa los bebés empiezan a emplear los plurales de las palabras, aunque no lo hacen siempre. Utilizan principalmente los plurales que se emplean en esa forma, como *"pantalones"*.

Pero no construye aún el plural de otras, por ejemplo, dirá *"nene"*, refiriéndose a un grupo de ellos.

También comienzan con las primeras formas de los artículos y con el uso de algunas preposiciones. Al principio, los niños emplean formas reducidas del artículo, como *"a pelota"*, en vez de *"la pelota"*.

Utiliza los diminutivos, pero sin distinguir su verdadero significado. Este uso está producido porque los adultos empleamos muy frecuentemente los diminutivos para dirigirnos a los niños, por lo que aprenden la forma diminutiva antes que la estándar. De tal manera, es muy probable que el bebé diga antes *"manita"* que *"mano"*.

Es ocasional el uso de pronombres personales del tipo *"yo"*, *"tú"* o *"nosotros"*. Generalmente son formas empleadas como respuesta y no como sujeto de las frases.

Comienzo del uso sistemático (24 a 36 meses)

Los plurales empiezan a ser usados de manera regular, lo que significa que ya ha adquirido la regla para su construcción.

Respecto al género, se utiliza en sustantivos, adjetivos y artículos, lo cual implica que también ha aprendido la formación del mismo, pudiendo distinguir además cuándo emplear el masculino o el femenino. Ya podemos escuchar cómo llama a *"el nene"* o a *"la nena"*.

Los pronombres personales, que anteriormente se utilizaban como respuesta o de manera aislada, se emplean ahora en construcciones de frases como *"¿tú quieres?"* o *"nosotros jugamos"*.

El empleo de los posesivos también se perfecciona y se usa de manera adecuada, tanto de forma individual *"mío"*, como acompañando al sustantivo, *"mi coche"*.

Los determinantes se utilizan correctamente, *"la nena"*, y hay mayor variedad de preposiciones y adverbios.

En cuanto a los verbos, aparecen las variaciones de tiempos y personas verbales. El niño puede así referirse al presente, *"juego"*; al pasado, *"jugué"* o al futuro *"jugaré"*. Aparecen los verbos auxiliares y, por consiguiente, los tiempos compuestos, como puede ser *"he jugado"*.

Una característica del aprendizaje de los morfemas es la llamada **sobrerregularización**. Consiste en que el niño construye de manera regular todas las palabras, puesto que aún no conoce las excepciones de las reglas, las irregularidades.

EJEMPLO:

A los dos años y medio, Pablo empieza a decir "ha ponido" en vez de "ha puesto", debido a la sobrerregularización (empleo de la regla general).

Para construir el participio de los verbos, se emplea generalmente las partículas *"ado"* o *"ido"*. Así, el participio de *"comprar"* es *"comprado"*, o el de *"venir"* es *"venido"*. Pero hay excepciones, como el del verbo *"volver"*, que sería *"vuelto"*.

De nuevo, nos encontramos con ciertos errores de carácter evolutivo, que forman parte del desarrollo normal. En este caso, son indicadores de las habilidades que va desarrollando el niño para aprender las reglas. El uso correcto llegará con el tiempo y con el mayor conocimiento del lenguaje.

Consolidación en el uso (36 a 48 meses)

Ya podemos observar, de manera generalizada, el uso sistemático en tiempos, personas y modos verbales.

En esta etapa, el niño produce de manera correcta expresiones que necesitan más precisión en el tiempo o en la persona que realiza la acción: *"la nena me ha dado su juguete"* o *"el nene ha dicho hola"*.

Los adverbios y preposiciones son empleados de manera frecuente y adecuada, lo cual da mayor riqueza al lenguaje de las frases emitidas.

Los aumentativos y los diminutivos se utilizan también de forma correcta: *"el perrazo"* o *"el perrito"*. Estas emisiones están adecuadas al contexto y al significado, no como antes que se producían por simple imitación de las expresiones adultas.

Los errores de sobrerregularización siguen existiendo, aunque se corrigen habitualmente a partir de los 6 años.

Empezar a construir frases: el desarrollo sintáctico

El nivel sintáctico estudia el proceso de construcción de las frases.

Recordemos que las frases pueden estar compuestas por un solo elemento, como: *"ven"*. También pueden estar formadas por múltiples elementos que le aportan mayor significado y exactitud; pero, en este caso, también son más complejas en su elaboración. Un ejemplo podría ser: *"Pablo, ven rápido al comedor que vamos a almorzar dentro de un poquito y deberías lavarte las manos antes"*.

Las principales etapas que siguen los niños cuando aprenden a elaborar las frases son:

FASES DEL DESARROLLO SINTÁCTICO	
12 a 18 meses	Holofrases
18 a 24 meses	Primeras combinaciones de palabras
24 a 30 meses	Expansiones sintácticas

Alrededor del primer año: la "holofrase"

Con el término holofrase, como ya hemos explicado anterior-mente, hacemos referencia a las emisiones del niño compues-tas por una sola palabra.

EJEMPLO:

Paula, con 1 añito, mira su cama, mira a su madre y dice "seño" (sueño). En este caso, está utilizando una pala-bra que engloba un significado más amplio. Seguramente lo que la niña ha querido decir sea: "mamá tengo sueño y me quiero acostar".

Hay diferentes posturas sobre el valor gramatical de esta pro-ducción, que no sobre su significado. Mientras que hay autores que defienden que posee el valor de una oración, hay otros que no hablan de oraciones hasta que aparecen al menos dos pala-bras encadenadas.

Puede haber también producciones de dos palabras, utiliza-das como frases hechas, que el bebé emite como si fuera una sola palabra; hay autores que las llaman "frases congeladas". Nos referimos a emisiones como *"tá meno" (está bueno)* o *"a momí" (a dormir)*, que aunque estén compuestas por dos palabras, el niño las emplea siempre juntas, sin saber usarlas por separado.

Existe un período de transición, en el que el bebé emite "secuencias de palabras", pero son formas aisladas que no tienen relación entre sí. También son llamadas **pseudofrases**.

EJEMPLO:

Pablo está sentado y dice "toche-gua-una", hace referencia a un coche con el que está jugando, a un perrito de un libro y a una luna que está colocada en la pared. Ha hecho una emisión de tres palabras, pero no están conectadas entre sí, es una pseudofrase.

De 18 a 24 meses: las primeras combinaciones de palabras

Estas primeras frases que producen los bebés son pobres e irregulares. Generalmente son emisiones de dos palabras, sin nexos entre ellas, por lo que se conoce también como "periodo de **habla telegráfica**".

Los niños comienzan a emplear terminaciones morfológicas, ya que, como vimos en el apartado anterior, coincide con el primer uso de plurales, ensayos con artículos, etc.

Así, se empieza a utilizar los nombres precedidos de una forma parecida a los artículos como *"a pota" (la pelota)*.

También se inicia el uso de las acciones unidas a los nombres, apareciendo la formación de frases de sujeto y predicado, como pueden ser las emisiones del tipo *"nene come"* o *"mamá juega"*.

Comienzan a su vez las producciones de sujeto más atributo, como *"nene bueno"* o *"papá guapo"*.

Desde los 30 meses: las expansiones

Las expansiones que caracterizan esta etapa hacen referencia al aumento de los elementos de las frases que ya utilizaba. Este proceso tiene lugar principalmente de dos formas:

- uniendo varios enunciados por simple yuxtaposición (*"el nene juega, la nena corre"*).

- ampliando partes de la frase (*"la pelota es redonda, roja y grande"*).

Finalmente irá consiguiendo un crecimiento progresivo de los enunciados.

En esta etapa, el niño ya construye el sujeto de las frases, formándolo con el artículo junto al nombre: *"el nene juega"*.

Además, comienza la coordinación de género y número, gracias al mejor conocimiento semántico (del significado de las palabras) y morfológico (terminaciones de femenino/masculino y formación del plural): *"la niña guapa"*, *"los nenes grandes juegan"*.

También se utilizan los nombres y adjetivos detrás de la acción de los verbos, completando y ampliando la información transmitida: *"la nena tiene una pelota grande"* o *"el coche es muy rápido"*.

Aparece, además, el empleo de frases negativas *("no quiero")*, interrogativas *("¿cuándo vamos al parque?")* y el uso de los primeros subjuntivos *("¡ojalá haya helados!")*.

Aprender los usos del lenguaje: el desarrollo pragmático

El análisis pragmático estudia el uso social del lenguaje, es decir, las intenciones que tiene un hablante al emitir una frase y las consecuencias que obtiene. Ambos aspectos serían indicadores de su nivel de adaptación al medio.

Dichas intenciones se relacionan directamente con la función comunicativa del lenguaje, que abarca todo un repertorio de posibles usos: peticiones, preguntas, expresión de sentimientos, etc.

En la revisión de los diferentes niveles del lenguaje hemos visto que el papel del adulto es muy importante para la adquisición y el desarrollo del mismo. Respecto a la pragmática, los adultos que acompañan al bebé son imprescindibles, ya que se aprende a usar el lenguaje practicándolo, en interacción con otro/s.

Hablamos, realizamos gestos de acompañamiento, utilizamos una cierta entonación y elegimos determinadas palabras con una intención concreta. La respuesta que obtengamos, adecuada en mayor o menor medida a nuestro propósito, nos hará modificar en algún aspecto nuestra emisión o nos confirmará que hemos tenido éxito y seguiremos usándola. Este es un proceso que también los niños han de realizar.

Como en el resto de los componentes del lenguaje, el desarrollo pragmático se inicia haciendo referencia al entorno más cercano al bebé, a través de sus acciones. Pasaría por producciones gestuales, tales como señalar o dar objetos, y terminaría con el empleo de signos arbitrarios, de mayor nivel simbólico, como pueden ser la lengua de signos y la lengua oral.

Este progreso, desde que nace el bebé hasta los 3 años aproximadamente, se puede estructurar en dos grandes etapas, según las funciones comunicativas que utiliza el niño y los recursos que emplea.

Alrededor de los 16 meses, se produce la transición desde la fase pre-lingüística (anterior a la adquisición del lenguaje oral) a la fase lingüística.

FASES DEL DESARROLLO PRAGMÁTICO	
Antes de los 16 meses	*Funciones apoyadas en recursos prelingüísticos*
Después de los 16 meses	*Funciones apoyadas en recursos lingüísticos*

Antes de los 16 meses

Como ya hemos visto en el capítulo II, sobre el desarrollo de la comunicación, el adulto otorga significados a las acciones del bebé, que en un principio carecen de intenciones comunicativas propiamente dichas.

El llanto, los movimientos del cuerpo, las expresiones faciales o las miradas son las primeras conductas del niño recién nacido a las que los adultos atribuimos significado.

Es decir, construimos un contexto adecuado a las características individuales y únicas de nuestro bebé, en el que favorecemos su adquisición del lenguaje; tanto de los aspectos formales (fonológico, morfosintáctico y semántico) como de los funcionales (pragmática).

Gracias a los formatos, facilitamos a los niños la posibilidad de observar, de participar, de ir aprendiendo las reglas que utilizamos para comunicarnos y para dialogar.

En esta fase inicial, el primer avance pragmático es el reconocimiento del niño de que la comunicación se realiza en la **interacción** con otras personas, diferenciándolas de los objetos.

Las funciones comunicativas que el bebé utiliza en esta etapa son limitadas, ya que para ellas se debe servir de sus movimientos corporales, acciones, gestos, balbuceo y sus primeras palabras.

Funciones utilizadas (según Halliday):

- Instrumental: peticiones o rechazo de objetos. El bebé señala con el dedo a su muñeco favorito para que se lo demos (petición) o bien, como le hemos mostrado un muñeco diferente, gira la cabeza y no lo agarra (rechazo).

- Reguladora: peticiones para realizar acciones. Cuando llegamos a un parque, el niño, sentado en su sillita de paseo, levanta los brazos para que lo saquemos de la misma (quiere jugar).

- Interactiva: vocalizaciones por la aparición de otra persona. Tenemos a Pablito jugando tranquilamente y llega su abuelito, que le saluda. El bebé emite sonidos mirando a su abuelo (responde a otra persona).

- Personal: expresiones de placer, personales o sobre objetos. El bebé está en la cuna y cuando la mamá se acerca a ver cómo está, y la ve, empieza a emitir sonidos de alegría y grititos (expresa su estado de ánimo).

A partir de los 16 meses

Esta fase de desarrollo coincide con un mayor dominio del lenguaje oral, lo que permite al niño ampliar sus expresiones sobre eventos u objetos que no están presentes, lo que aumenta el nivel simbólico de las emisiones.

Los gestos, que antes contenían la mayor carga de significado, se utilizan conjuntamente con las palabras para referirse a los mismos contenidos. Más tarde, pasarán a ser recursos de apoyo del discurso lingüístico.

El progreso en la adquisición del lenguaje ofrece al bebé ampliar sus relaciones con personas que no pertenecen a su entorno más inmediato, además de permitirle emitir mensajes con mayor exactitud en el contenido.

Así, los sonidos son cada vez más parecidos a los del habla adulta; su vocabulario es más extenso y comienza la construcción de frases con mayor número de elementos. Todo esto facilita que sus funciones comunicativas también se amplíen, además de consolidar las que ya había iniciado.

Por todo ello, a partir de los 16 meses, se produce:

- La ampliación de la función reguladora, con peticiones de permiso y ayuda. En esta etapa, el mismo niño, que antes nos pedía su muñeco señalando con el dedo, ahora nos dirá: *"mame keko" (dame el muñeco).*

- La extensión de la función interactiva a conversaciones con otros, a respuestas y fórmulas de cortesía. El bebé saluda cuando se encuentra con alguien conocido *"hola"* o cuando se marcha de algún sitio *"adiós"*. También amplia sus conocimientos respecto a los turnos de palabra.

- La ampliación de la función personal (expresiones de sentimientos). El niño ya comienza a describir con palabras sus estados de ánimo o a expresar sus gustos, preferencias, etc. Si se cae jugando, nos dirá: *"mami/papi pupa" (mamá/papá me he hecho pupa).*

- El inicio de la función heurística[2], con petición de información e imitaciones. Dicha función comunicativa, que aparece a partir de los 16-18 meses va aparejada al desarrollo intelectual del bebé y se relaciona con el descubrimiento del entorno. Es muy típico escuchar *"¿eto que es?" (¿esto qué es?).*

---

[2] Del griego: hallar, inventar. Por extensión, función comunicativa que se usa para descubrir.

- La aparición de la función imaginativa, con el juego simbólico. Se interrelaciona con el avance del pensamiento del niño, ya que pueden hablar o jugar con elementos cuyo referente no está presente o es inventado. En estas edades es frecuente ver cómo juegan a imitar situaciones adultas: *"yo soy la mamá"*.

IV. LAS DIFERENCIAS
INDIVIDUALES

Hemos visto, basándonos en las investigaciones actuales, que existen unas etapas de desarrollo de la comunicación y el lenguaje idénticas en todos los niños. No obstante, cada uno las recorre siguiendo su propio ritmo de evolución.

¿Sabías que...

❖ La adquisición del lenguaje de signos en niños sordos profundos que se educan con esta lengua como lengua materna sigue una serie de etapas similares al proceso estudiado en los oyentes que adquieren su idioma materno en la modalidad oral.

❖ Incluso hay autores que hablan de la etapa de "balbuceo manual".

Es importante tener esto en cuenta, para no estar siempre "vigilando" si el pequeño va avanzando en su desarrollo como si tuviera que cumplir una agenda ya fijada. Así sólo conseguiremos añadir ansiedad a momentos de comunicación que han de ser placenteros y enriquecedores para ellos y también para nosotros.

Por supuesto, es conveniente, prestar atención a los signos de posibles dificultades[3] que se puedan observar, pues si se detectan pronto se podrá ofrecer la ayuda necesaria cuanto antes.

En este capítulo comentaremos los factores que influyen en las diferencias que se dan entre unos bebés y otros, y trataremos el caso del bilingüismo, por ser un tema específico de gran actualidad.

> ➢ ¿CÓMO APRENDE TU BEBÉ?
>
> ➢ LENGUAJE Y CLASE SOCIAL
>
> ➢ UN CASO ESPECIAL: EL BILINGÜISMO

¿Cómo aprende tu bebé?

Dentro de lo que se considera el desarrollo normal se incluyen muchas variaciones, tanto retrasos como adelantos. Por eso es común escuchar comentarios casi opuestos de madres con hijos o hijas de la misma edad: *"mi hijo lo entiende todo pero todavía no habla", "pues el mío no calla ni debajo del agua"*. Lo que viene a corroborar que cada cual tiene su propio ritmo para ir aprendiendo y que sólo es cuestión de tiempo que vayan madurando y equiparando su desarrollo.

¿Por qué ocurre esto?

No hay una sola causa, sino muchas y relacionadas entre sí. Así pues, el desarrollo del lenguaje de cada niño va a estar influido por diversos factores:

---

[3] En la segunda parte del libro se recogen pautas que ayudarán a detectar problemas en el desarrollo comunicativo y lingüístico.

- En primer lugar, evidentemente, está la propia **persona**, es decir, el bebé. Todos poseen unas características personales que van a influir en su aprendizaje y desarrollo. Estas características son las *variables personales,* como la propia personalidad o la inteligencia.

¿Sabías que…
los niños con altas capacidades intelectuales

❖ Desarrollan su lenguaje de forma precoz.

❖ Pueden hablar correctamente antes de los 2 años.

❖ Dicen sus primeras palabras más pronto que los otros niños.

❖ Adquieren un vocabulario más amplio.

- Por otra parte, se habla de *variables interpersonales*, es decir, que el desarrollo puede variar según la persona o personas que se relacionan con el niño que aprende, ya que la comunicación y el lenguaje requieren, al menos, la presencia de un **interlocutor**.

- Otro conjunto de elementos a considerar son los aspectos sociales del **ambiente** donde vive y se relaciona el bebé y las personas de su entorno. A este conjunto se le llama *variables de naturaleza social*. Aquí se incluiría también la situación de bilingüismo, que trataremos en el siguiente apartado, o la estructura familiar, entre otros.

- Por último, también hay que considerar las llamadas *variables de situación*, relacionadas con el **momento** concreto en que se interactúa, la actividad que se realiza, para qué se hace, etc.

El siguiente esquema presenta gráficamente lo que se acaba de explicar:

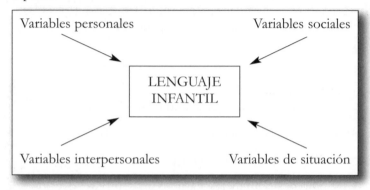

Todos estos elementos que influyen no lo hacen de igual modo, ni con la misma fuerza. Por ejemplo, ser hijo único es más determinante que el nivel socioeconómico de la familia.

Lenguaje y clase social

Los estudios sobre el lenguaje que aprenden los niños nacidos en diferentes clases sociales son numerosos y representativos del interés que suscita este tema, entre otras cuestiones, por sus implicaciones educativas.

Bernstein es el primer autor que relacionó lenguaje y clase social. Después de analizar el lenguaje que utilizaban cada una de ellas, emparejó un código específico y con características propias a la clase social media-alta y otro a la clase social baja.

El código empleado por las personas de clases medias-altas fue llamado **código elaborado.** Es un lenguaje cuidado y elaborado, con un alto nivel de corrección. Se emplea en textos literarios, científicos o discursos.

A su vez, dentro de este código, podemos distinguir un nivel medio que es el empleado por la mayoría de los hablantes que poseen una formación media. Sus características son un uso de frases y léxico sencillo, pero correcto. Se le denomina también "lengua estándar" y es la usada en los medios de comunicación, por ser la más asequible a la mayoría de hablantes.

Características del código elaborado

❑ Frases largas

❑ Mayor cantidad de pausas

❑ Alta complejidad gramatical

❑ Uso correcto de nexos

❑ Selección apropiada y diversa de adjetivos y adverbios

❑ Uso frecuente de pronombres personales

Se llama **código restringido** al empleado por las personas de clases sociales bajas y con escaso conocimiento de la lengua.

Características del código restringido

❑ Frases cortas

❑ Abundancia de frases inacabadas

❑ Pocas pausas

❑ Escasa complejidad gramatical

❑ Bajo simbolismo

❑ Uso repetitivo de nexos

❑ Uso limitado de adjetivos y adverbios

❑ Uso frecuente de preguntas y órdenes cortas

❑ Más uso de "tú" y "ellos"

Son muchos los estudios realizados sobre este tema, hechos por profesionales de distintos campos: sociología, educación, psicología, etc. Dichos estudios han obtenido diferentes conclusiones, algunas con resultados opuestos entre sí.

Pero, también hay aspectos muy importantes que se han visto reflejados en la mayoría de las investigaciones. Algunas de las conclusiones más relevantes son:

- Hay evidencias demostradas de que la clase social a la que pertenece el bebé y su familia, influye en su desarrollo lingüístico. A este hecho nos hemos referido en el apartado anterior, en las variables de naturaleza social.

- Que el llamado código elaborado es el que se utiliza en la escuela, en los medios de comunicación y en la transmisión de conocimientos.

- Que el código elaborado está mejor reconocido socialmente.

- Que ambos códigos, el restringido y el elaborado, hacen referencia a la ejecución de los hablantes (lo que dicen), pero no a sus competencias (lo que podrían decir).

- Que cualquier hablante podría desarrollar ambos códigos.

Los bebés, al nacer y desarrollarse en un ambiente socio-cultural determinado, aprenden el código con el que se comunican las personas de su alrededor. No elegimos, pues, nuestra forma de comunicarnos, sino que forma parte de nuestra realidad socio-cultural.

Hay un elemento que tiene un papel fundamental en esta etapa de aprendizaje del lenguaje: la **escuela infantil** o guardería.

En esta etapa educativa, la atención que reciben los bebés realiza dos funciones fundamentales:

1. **Compensar** las desigualdades que puedan presentar los niños, como puede ser el uso de un código restringido.

2. **Prevenir** la aparición de posibles dificultades, en los distintos ámbitos de desarrollo.

Un caso especial: el bilingüismo

En nuestro mundo hay sociedades con larga historia de coexistencia de diferentes lenguas. En España, por ejemplo, tenemos el caso del País Vasco, Galicia o Cataluña. Además, vivimos en una realidad de globalización y constante movimiento de personas de unos lugares a otros (pueblos, ciudades, países, continentes... ¡incluso dicen que podremos viajar al espacio!).

Como consecuencia de ello, cada día hay también una mayor mezcla de idiomas y culturas, y son cada vez más frecuentes las familias donde conviven distintas lenguas.

También la universalización del inglés, como idioma de intercambio y mediación entre las personas de todo el mundo, ha convertido a esta lengua en objeto de estudio obligatorio en muchísimos países. Crece también el interés de las escuelas y las familias por favorecer en los niños el conocimiento de dos o más idiomas a edades tempranas. Por ello, las políticas educativas de muchos Estados incluyen el bilingüismo en sus planes de estudio.

Y en este contexto surgen voces a favor y también en contra del **bilingüismo**.

Comenzaremos por intentar aclarar qué significa ser bilingüe.

Hace tiempo, se consideraba **bilingüe** a la persona que hablaba y escribía en dos lenguas perfectamente. Actualmente, se sabe que es raro encontrar personas con el dominio perfecto en dos o más idiomas, por lo que el concepto de bilingüismo es más abierto. Se tiende a considerar que existe bilingüismo cuando coexisten dos sistemas de lenguaje y se puede acceder a ellos de forma inmediata.

¿Sabías que...

También se considera bilingüismo el caso en que se emplea una lengua oral y otra signada (lengua de signos).

Hay muchísima variabilidad en las circunstancias de aprendizaje de una segunda lengua, por lo que se habla de muchos tipos de bilingüismo.

Según la edad en que se aprendan las lenguas, pueden darse distintos **tipos de bilingüismo**:

- El bilingüismo precoz y simultáneo, se da cuando el niño aprende desde el nacimiento y en su vida cotidiana las dos lenguas a la vez (por ejemplo, papá le habla en español y mamá en inglés).

- Si la segunda lengua se inicia a partir de los 3 años, también se considera precoz, pero consecutivo, pues la primera lengua ya está iniciada.

- Si se aprende la segunda lengua más allá de los 6 años, se le llama bilingüismo tardío.

A pesar de esta clasificación, es difícil en muchos casos saber hasta dónde llega el aprendizaje de una segunda lengua y dónde empieza la situación de bilingüismo.

¿Tiene ventajas para nuestros hijos aprender dos lenguas en la primera infancia?

No existe acuerdo sobre los posibles beneficios o perjuicios del bilingüismo en los niños, debido al gran conjunto de factores que intervienen, como la valoración social de las lenguas o la rigurosidad de las investigaciones, entre otros.

Durante mucho tiempo, se pensó que el bilingüismo retrasaba el aprendizaje e incluso se decía que causaba "confusión mental".

Hoy día, los estudios se centran más en cómo es el estilo de pensamiento de los niños bilingües y cuáles son sus estrategias de aprendizaje.

Las principales conclusiones indican que su pensamiento es más flexible y creativo, posiblemente porque tienen dos palabras para un mismo objeto o idea. También se ha observado que la capacidad para reflexionar sobre la lengua aparece más pronto que en los monolingües, lo cual sería una ventaja de cara al aprendizaje de la lectura. De hecho, los niños bilingües de 5 ó 6 años muestran mejor conocimiento gramatical, organización perceptiva y dominio de la lectura.

Otras ventajas que se han señalado se refieren a:

• La comunicación: comunicarse dentro del ámbito familiar, donde no se habla la lengua mayoritaria o, por ejemplo, hablar y relacionarse con cada uno de los padres en su propia lengua favorece una relación de mayor cercanía.

• El enriquecimiento cultural, por permitir el acceso al conocimiento de la literatura, tradiciones, etc. de cada lengua.

• La tolerancia y respeto de las diferencias entre las personas.

Quienes critican el bilingüismo precoz lo hacen comparando el repertorio de palabras de los niños monolingües y los bilingües, considerando a éstos en situación de desventaja. En realidad, los dos niños alcanzarán hacia los 18 meses el conocimiento de las primeras 50 palabras. Pero el bilingüe tendrá 50 palabras pertenecientes a dos idiomas, por lo que, desde la perspectiva de una sola lengua, su desarrollo estaría retrasado.

Los estudios han demostrado que el ritmo de desarrollo del lenguaje es igual para todos los bebés entre los 8 y los 30 meses, sean monolingües o bilingües.

Lo que ocurre en el caso de aprender dos idiomas es que la evolución de las dos lenguas no seguirá el mismo ritmo, en ocasiones una se verá más avanzada que la otra o viceversa, dependiendo de las circunstancias de la vida del niño.

El bilingüismo precoz y simultáneo se considera la forma más natural de adquirir dos lenguas, y en ella el aprendizaje suele tener lugar de un modo particular.

El niño que se cría inmerso en dos idiomas realiza una **construcción** de ambos:

- Al principio se da una mezcla de lenguas, que podría interpretarse como una confusión por parte del niño. Pero no es así. Lo que ocurre es que va aprendiendo palabras en uno y otro idioma y, en estos primeros momentos, todavía su vocabulario es escaso. Esto significa que necesita echar mano de las palabras que conoce (sean de una u otra lengua) para poder comunicarse o, como afirman algunos investigadores, que elige las palabras con mayor facilidad de pronunciación.

- Hacia los 2 años, gracias al mayor conocimiento de vocabulario, ambas lenguas se van separando lentamente, pues ya dispone de dos palabras para cada objeto.

- Alrededor de los 3 años, poco a poco el niño adquiere conciencia de que existen dos lenguas separadas. A partir de aquí llegará la adaptación al interlocutor, y comenzará a dirigirse a cada persona en una lengua. Las mezclas suelen continuar cuando todas las personas de su alrededor comprenden las dos lenguas.

> **¿Sabías que...**
>
> Es normal que los niños pequeños que aprenden dos lenguas a la vez construyan palabras y frases mezclando ambos idiomas. Un niño cuyo padre habla inglés y su madre español dirá, por ej.: "quiero mi bear" o "I want my osito".

Lógicamente, cada niño vive en un ambiente concreto, por lo que se observarán variaciones respecto al proceso que acabamos de describir. Las costumbres lingüísticas de la familia serán muy influyentes en la forma de hablar de los niños.

Es importante comprender que las mezclas entre lenguas forman parte del aprendizaje simultáneo de dos idiomas en edades tempranas. Dichas mezclas no se realizan al azar, sino que cumplen una función para el aprendizaje, y es, en definitiva, priorizar la comunicación, que es, de hecho, el verdadero motor para aprender cualquier idioma.

Para ayudar al desarrollo de cada lengua por sí misma, lo recomendable es que el niño pueda asociar cada idioma a un contexto o persona diferente. De esta forma se favorece que el bilingüismo sea más equilibrado. Algunos llaman a esta estrategia de aprendizaje "opol" (en inglés: "one person, one language", cada persona una lengua).

Una variante de la misma estrategia sería que en casa se empleara un idioma y en otro contexto (por ejemplo, el escolar) que el niño estuviera expuesto a otra lengua. Siempre que esta situación se prolongue durante varios años se favorecerá una buena competencia bilingüe.

¿Sabías que...

Algunos padres, en su afán por hacer bilingües a sus hijos desde que nacen, se empeñan en educarles empleando un idioma extranjero que ellos mismos no dominan suficientemente. Aunque consigan que aprendan una segunda lengua, corren el peligro de perjudicar la comunicación auténtica y los vínculos emocionales con sus hijos.

2. EL PAPEL
DE LA FAMILIA

I. LA IMPORTANCIA
DE LA INTERACCIÓN

Cuando iniciamos la labor de crianza y educación de nuestros hijos, o de los niños y niñas que tenemos a nuestro cargo por diferentes causas, debemos tener en cuenta que va a ser un proceso de conocimiento. En él, tanto el niño como el adulto van a compartir, van a construir y se van a enriquecer mutuamente de esta relación.

En ese conocimiento del bebé nos basaremos para ir adaptando la forma de comunicarnos y relacionarnos con él, ya que hay una gran variabilidad en el desarrollo de los niños.

Como ya hemos visto, no todos los niños aprenden al mismo ritmo, ni son igual de hábiles en determinados aspectos, ni tienen un carácter semejante, ni gustos parecidos... Unos aprenden muy rápido a andar, otros sin embargo hablan antes, algunos comen que da gusto y los hay que duermen sin dar un ruido en toda la noche.

Los expertos reconocen que los primeros años de vida del niño son decisivos, por la importancia de los aprendizajes que se realizan en esta etapa y que forman la base para el desarrollo posterior.

También es cierto que, a pesar de las diferencias individuales hay factores muy importantes que compensan y favorecen este proceso.

Así, los adultos que les acompañamos desde su nacimiento, sus padres, sus familiares más allegados, sus cuidadores, somos fundamentales para que puedan desarrollar de la manera más óptima posible sus capacidades, siendo la interacción comunicativa un instrumento privilegiado.

En un primer momento, dicha interacción entre los cuidadores y el bebé es dirigida por el adulto casi en su totalidad, ya que es quien posee los recursos adecuados para ir "construyendo" un mundo de significados comunes. Según pase el tiempo, con la adquisición de nuevas competencias y recursos, el niño será más participativo, tomará la iniciativa o elegirá los temas que le interesan en la comunicación con los adultos.

En este contexto, no debemos olvidar un elemento que está presente en la base de los intercambios y de la construcción de un mundo compartido y seguro: la **afectividad**. Sentirse querido y protegido contribuye en gran medida a la estabilidad emocional del niño y a su seguridad para conocer el entorno que le rodea.

> CONSTRUIR UN APEGO SEGURO

> LA TELE NO ENSEÑA A HABLAR

> NO NECESITAMOS TIEMPO EXTRA

Construir un apego seguro

Cuando nos referimos al **apego**, estamos hablando del vínculo afectivo que se establece entre el niño y una o varias personas de su familia. Hay algunas otras definiciones de lo que es el apego, pero todas coinciden en afirmar que es el vínculo emocional más importante de la primera infancia.

Los estudios que se han realizado sobre el apego señalan que, gracias al desarrollo prenatal, el neonato muestra preferencias por los estímulos sociales, como pueden ser el reconocimiento de las voces humanas y la predilección por las caras de personas, e incluso reconoce el olor de la leche materna. Durante los 3 primeros meses, estas precoces capacidades continúan desarrollándose.

En el segundo trimestre de vida, el bebé manifiesta que le gusta más estar con los adultos que le cuidan habitualmente que con los extraños, aunque no rechaza a éstos.

Alrededor de los 6 meses, los niños establecen ya relaciones de apego con sus cuidadores, mostrando seguridad y alegría con ellos y reaccionando ante la separación (por ejemplo, cuando su mamá se aleja el bebé llora desconsoladamente). También, a diferencia de lo que hacían unos meses antes, expresan rechazo o desconfianza con los desconocidos, como se suele decir *"el bebé extraña"* (en estos casos, vuelve la cara o llora, por ejemplo).

Influyen diversos factores en la formación del llamado **modelo interno** del bebé, es decir, de su comprensión de las relaciones afectivas.

En primer lugar, el contexto socio-cultural determina las características del cuidado de los niños pequeños. Se sabe que no en todas las culturas se les atiende de la misma manera y por las mismas personas.

Por otra parte, aunque el carácter y temperamento del bebé también influyen en dicho modelo interno, el factor más determinante es el estilo de relación de los padres o cuidadores principales con su bebé.

Así, según las características de dicho estilo, se forma un apego que puede ser seguro para el niño o no (el llamado apego ansioso).

El modelo de apego que interiorice el bebé es muy importante, ya que, según afirman un gran número de investigaciones, va a ser el patrón que desarrolle en años posteriores. También es cierto, que se ha estudiado que este patrón se va readaptando a lo largo del tiempo.

¿Y qué **características** tiene el apego seguro?

• Es un tipo de relación en la que ambos disfrutan de estar juntos.

• La figura de apego aprende a interpretar las señales emocionales de su bebé y a responder de manera adecuada, proporcionada. Además establece de manera frecuente interacciones de atención conjuntas, dedicándole el tiempo suficiente.

• El niño responde con muestras de afecto y manteniendo la interacción. Elabora un modelo interno que le permite predecir las respuestas del adulto, además de darle seguridad en sí mismo para nuevas interacciones.

Por todo ello, es fundamental darle nuestro cariño, hacerle sentir nuestra presencia y garantizarle la atención y protección que necesita de manera incondicional, ya desde antes del nacimiento.

La relación con el niño se va construyendo a lo largo del tiempo, y es normal que en ocasiones se encuentren algunas dificultades. Los pilares de esta interacción deben ser la naturalidad, el sentido común y la espontaneidad. Al principio, el llanto de un recién nacido es casi su única forma de comunicación, y a veces, es difícil interpretar a qué se debe. Poco a poco, el conocimiento mutuo entre el bebé y su madre facilitará la diferenciación de su significado (si tiene hambre, si está cansado, si se ha enfadado…).

Van quedando atrás, afortunadamente, las ideas negativas sobre sostener en brazos a los bebés cuando lloran, llevarlos en brazos, o mecerlos si no se calman. Es imposible "malcriar" a un recién nacido por acurrucarle o sostenerle en brazos cuando llora: entre sus necesidades básicas está el contacto físico. De hecho, éste es uno de los elementos que configuran la formación del apego. También un bebé más mayor e incluso un niño pequeño siguen necesitando sentirse acogidos de esta forma por su mamá o su papá en ciertos momentos.

La televisión no enseña a hablar

Con esta frase queremos poner de relieve que la mera exposición al lenguaje no es suficiente para aprenderlo, ni su forma, ni su significado, ni sus usos.

Para poder aprender a hablar y a comunicarnos, se necesita hacerlo en la **interacción,** en el intercambio con otras personas.

Ya hemos hecho un recorrido por el avance del bebé en la adquisición y desarrollo de un sistema de comunicación, y en todos aparece la figura del adulto siendo el soporte y guía de este proceso.

Hagamos un breve repaso:

• En los inicios de la comunicación, el adulto atribuye los significados e intenciones a las conductas del niño, que en principio, no tienen.

• En el nivel fonológico, el adulto refuerza los sonidos propios de la lengua materna.

• En el nivel semántico, le da significado a las palabras del niño, completándolo a medida que éste va creciendo.

• En el nivel morfológico, el adulto aporta modelos adecuados de utilización del género, de los plurales, etc.

- En el nivel sintáctico, el adulto ofrece primero modelos sencillos de frases y va aumentando su complejidad poco a poco.

- Y en el nivel pragmático, responde a las distintas funciones comunicativas que emplea el pequeño, reforzando la intención expresada.

Estas acciones no pueden ser hechas más que por una persona que esté atenta a las intenciones comunicativas del bebé, que responda a sus iniciativas, que señale y hable de los objetos y sucesos de su alrededor.

Puesto que cada bebé es único y diferente, los adultos nos encontramos a veces con niños inquietos, que "demandan" más atención, otros, por el contrario, más tranquilos, etc. A veces hemos escuchado comentarios del tipo: *"le pongo en la cuna y no da un ruido" o "es que se queda mirando la tele fijamente, como hipnotizado"*.

Es importante ser conscientes de que, aunque nuestro bebé parezca no solicitar mucha atención por parte de su entorno, éste siempre debe ser **enriquecedor y estimulante** para el pequeño, en la medida, claro está, de su interés y capacidad. Esto lo podemos aplicar también en el caso contrario, como: *"mi niño no para quieto ni un momento"*, comprendiendo sus necesidades (respondiendo a sus intereses, ayudándole a relajarse cuando lo requiere, reduciendo la cantidad de estímulos para no sobrecargar su atención, enseñándole poco a poco a esperar...).

Si nos cuesta mantener la tele apagada, podemos empezar a acostumbrarnos a sustituirla por música: existen en el mercado recopilaciones musicales para bebés, o de canciones infantiles, etc.

Recordemos que los primeros años son básicos para el desarrollo, aunque esto no significa que se deban forzar progresos que llegarán de forma natural.

Por ello, salvo en caso de que se haya detectado algún problema concreto, respetaremos su propio ritmo, pero estando presentes y atentos: hay momentos en que el niño está dispuesto para el contacto, el juego, la música… y otros ratos en que descansa o se entretiene solito, por ejemplo, balbuceando. Y sus necesidades van cambiando a lo largo del tiempo.

La idea que queremos transmitir es la importancia de atender a nuestros niños según lo que cada edad precisa, lo cual se puede conocer gracias a la gran cantidad de información con la que contamos hoy día y estando presentes en su vida.

Cuando los adultos nos adaptamos al nivel de nuestros niños, en relación al lenguaje, la atención necesaria, el tipo de actividad, estamos utilizando unas estrategias, llamadas por los expertos **andamiaje**. Tiene un significado literal, de andamio, para que los niños se sientan seguros en lo que hacen y puedan seguir avanzando.

Es más, cuando nos dirigimos a un bebé utilizamos un lenguaje específico, adaptado a su nivel y con unas características concretas. Debido a su importancia, le dedicamos el capítulo siguiente.

No necesitamos "tiempo extra"

Es adecuado aprovechar todas las oportunidades y momentos que estén a nuestro alcance. Lo importante es que sea un tiempo de calidad, en el que ambos disfrutemos de estar juntos, de estrechar un vínculo que comienza con el nacimiento o con la llegada del niño a nuestras vidas, y que hay que seguir enriqueciendo.

Dedicando algunos momentos cada día para comunicarnos con ellos mientras realizamos actividades juntos, fomentaremos la unión afectiva y crearemos oportunidades para su aprendizaje.

No es necesario que busquemos tiempo adicional sino aprovechar el que ya tenemos: jugando con ellos, dándoles información sobre algo que estamos haciendo en ese momento, ya sea jugar, pasear o lavarle las manitas, hablando sobre lo que sentimos u opinamos, sobre lo que vemos o sobre lo que está ocurriendo, pidiéndole respuestas, etc.

Se trata de establecer una comunicación fluida y enriquecedora. No tanto dirigida o impuesta por el adulto, como orientada por el propio interés y la atención del niño.

¿Cómo llevarlo a cabo?

Veamos algunas posibles situaciones facilitadoras:

- **Rutinas**: baño, comidas, hora de dormir, etc. Cuando le bañamos, mencionamos partes del cuerpo, prendas de vestir, objetos de aseo, o cantamos canciones *("Los patitos, en el agua")*. En el momento de preparar y darle su comida, nombramos alimentos, utensilios, etc. Al acostarle le cantamos canciones o le contamos breves cuentos.

- **Actividades de juego**: los momentos de diversión con nuestros hijos estimulan el lenguaje y fortalecen el vínculo de apego. Los primeros juegos ayudan a crear la secuencia de turnos y la acción conjunta. A partir del año, la imitación es muy importante, pues le acerca a otros aprendizajes más complejos.

El juego nos permite nombrar objetos e imágenes. Dependiendo de la edad, hablaremos tan sólo de lo que está presente o podremos acceder al mundo de la imaginación, como en el juego simbólico (jugar "como si…", por ejemplo, a las "cocinitas"). Además favorece que expresemos estados de ánimo (felicidad, sorpresa, ilusión…), que serán reconocidos por el bebé, primero en otras personas y más tarde en sí mismos.

- **Actividades de ocio:** paseos, parque infantil, fiestas familiares, excursiones al campo, días de playa. Son situaciones que ofrecen multitud de estímulos interesantes para el bebé. Pueden ser otro reto para practicar sus habilidades, ya que tendrá la oportunidad de comunicarse con otras personas, posiblemente habrá nuevos amiguitos, familiares, etc. Estos contextos diferentes contribuyen a ampliar su conocimiento del mundo que le rodea y a enriquecer su desarrollo lingüístico.

- **La hora del cuento.** No hay que esperar a que un niño sepa leer, ni siquiera a que sepa hablar, para "leer" juntos. En nuestra experiencia profesional, cuando recomendamos este tipo de actividades a las familias nos solemos encontrar con cierto desconocimiento de este tema, ya que con frecuencia piensan que es absurdo leerle "El pez arco iris" a su hijo pequeño. No hablamos de leer largos cuentos enteros a un bebé de 6 meses.

Nos referimos a libros apropiados para su edad, de los que hay muchos y variados tanto en librerías como en bibliotecas. De hecho, las bibliotecas públicas ya cuentan con "bebetecas", con multitud de libros llenos de dibujos, fotos y texturas, e incluso sonidos. Estos libros pueden captar la atención de los bebés, a través de los sentidos, a partir de los 4 ó 6 meses siempre que los adultos hagamos de "puente", nombrando aquello que están mirando o tocando. Posteriormente, serán ellos los que señalen y nombren el vocabulario que han aprendido. Adecuándonos a su crecimiento y comprensión podremos pasar a leerles cuentos con una sencilla historia. Esto les acercará a un mejor conocimiento del lenguaje, estimulará su memoria e iniciará su interés por la lectura.

- **Otras actividades de la vida diaria:** acompañar a hacer la compra, recogerle de la escuela infantil, ir de visita. Cuando vamos en coche o en el transporte público hablamos de los objetos de la calle, de los sonidos que escuchamos, los podemos imitar. Si estamos en casa, se puede ir explicando lo que hacemos mientras ordenamos una habitación, o le mostramos y describimos el muñeco que le acaban de regalar en casa de los abuelos, por citar algunos ejemplos.

- **Dando respuesta** a todas aquellas iniciativas que tenga nuestro bebé. Su atención guía su aprendizaje, y nos da las pistas para responder. Su mirada, los intentos de alcanzar objetos, sus movimientos, gestos y primeros sonidos, y, por supuesto las palabras, nos indican aquello hacia donde se dirige su interés. Al principio será de forma sutil, por lo que pasar tiempo con ellos y observarles será fundamental. No se trata de anticiparse, sino de **responder**.

II. EL LENGUAJE DIRIGIDO A LOS NIÑOS Y NIÑAS

En este contexto de interacción que acabamos de describir, el lenguaje que empleamos para hablarles a nuestros bebés tiene un papel importante.

Cualquiera ha podido observar cómo una persona adulta o un niño mayor cambia su forma de hablar cuando se dirige a un bebé. Es normal que desde el nacimiento las mamás se dirijan a sus hijos de forma espontánea con un tono más "cantarín", usando palabras más sencillas y hablando de forma más lenta. Evidentemente, no emplearíamos este tipo de lenguaje para hablar con los adultos.

Esto no es casual y ocurre en muchas culturas del mundo. En inglés se conoce como "motherese" (hace años también se denominaba "baby-talk"), que en español se ha traducido como "maternés", "habla maternal" o "lenguaje dirigido a los niños" (LDN), un tema que ha sido bien estudiado por los expertos.

> ➤ ¿CÓMO ES EL LENGUAJE DIRIGIDO A LOS NIÑOS-NIÑAS?
>
> ➤ ¿CÓMO EVOLUCIONA?
>
> ➤ ¿PARA QUÉ SIRVE?

¿Cómo es el lenguaje dirigido a los niños y niñas?

Imaginemos la situación en que una mamá, mostrando a su bebé uno de sus muñecos, sonríe mientras dialoga con él de esta manera:

(Mamá)	Ajo, ajo…
(Bebé)	Go.
(Mamá)	¿Qué?… ¿Qué mira mi niño?… ¿Estás viendo al osito?
(Bebé)	Gooo.
(Mamá)	Miiira el osiiiito.
(Bebé)	Go, aga.
(Mamá)	¡Qué bonito!… llámalo tú… oso, osito…llámalo… osito.
(Bebé)	Gooo.
(Mamá)	¿Te gusta el oso? ¿Siiii?
(Bebé)	Ga.

Analizando la "conversación" anterior, o cualquier otra similar que hayamos observado o protagonizado, podemos ver que esta típica forma de hablar con los bebés suele tener unas características concretas. En la página siguiente se muestra un cuadro que resume dichas características.

Esta forma de hablar a los niños pequeños va evolucionando y adaptándose según su crecimiento y desarrollo.

¿Cómo suele ser el lenguaje que se dirige a los niños y niñas muy pequeños?

❑ tono elevado

❑ entonación exagerada

❑ mucha utilización de expresiones faciales y gestos

❑ ritmo más lento, con pausas tras las palabras más importantes y pocas palabras por minuto

❑ vocabulario centrado en los objetos

❑ temas referidos al aquí y ahora

❑ frases más correctas y completas

❑ emisiones más cortas y simples, con muchas afirmaciones breves y uso de palabras aisladas

❑ muchas órdenes y preguntas

❑ muchas repeticiones

¿Cómo evoluciona?

Al principio hay muchas repeticiones de preguntas y saludos. Esto permite que cualquier señal que realice el bebé (eructo, gorjeo, sonrisa, bostezo o movimiento corporal) sea interpretada por el adulto como una respuesta y que, a su vez, éste le vuelva a responder. Así se va "construyendo" una conversación, gracias a la cual, el bebé poco a poco aprende que su conducta produce un efecto en los que le rodean.

En estos primeros tiempos, los temas se centran en lo que el niño puede ver y oír en ese momento. Así, por ejemplo, cuando una persona ha venido de visita y se acerca para ver y saludar al bebé la mamá le dice cosas como: *"mira, la tita… ¡hola, tita!… ¿dónde está la tita? …"*

A partir de los 6 meses, se suele dar más información, incluyendo temas referidos al entorno y a la conducta del niño. Estos avances van en consonancia con el desarrollo del bebé, pues alrededor de esta edad ya aprende a sentarse, agarra fácilmente los objetos y comienza la etapa del balbuceo. Por ejemplo, mientras le damos la comida y el pequeño sostiene otra cuchara: *"mmm... qué rica la papa... aam... toma... la cuchara... sí, muy bien... así... a la boca... qué bien come mi niño"*.

Los adultos adaptamos inconscientemente nuestro lenguaje a medida que nuestros bebés van realizando progresos. Así, una mamá cuyo hijito ha comenzado a decir algunas palabras sueltas (*"agua"*, *"chupete"*, etc.) ya no responde a cualquier balbuceo como hacía anteriormente, sino que espera a que el pequeño emplee alguna de las nuevas palabras.

En este proceso, los adultos no nos dedicamos a la enseñanza del lenguaje de una manera consciente y planificada. Sino que de una forma natural, incluimos a los niños en la comunicación, desde mucho antes de que empiecen a hablar.

¿Para qué sirve?

¿Hablar de esta forma al bebé puede suponer un obstáculo para su adquisición del lenguaje?

Todo lo contrario. En ningún caso utilizar un lenguaje adaptado retrasará o entorpecerá el desarrollo normal, siempre y cuando se vaya ajustando a los logros que va alcanzando el niño.

Sin embargo, no es imprescindible, ya que hay otros lugares del mundo donde no se utiliza y los niños adquieren su lenguaje con normalidad.

En nuestra opinión, el papel que juega esta forma de dirigirse a los bebés y niños pequeños se podría equiparar a otro tipo de procesos, como la estimulación sensorial, juegos, actividades de movimiento, etc., igual a los recursos que pueden encontrarse en las guías de atención temprana.

Existen diferentes teorías para explicar la utilidad del LDN[4] , que señalan las siguientes aportaciones:

- Facilita que los niños aprendan a usar el lenguaje, ofreciendo un modelo simple, que se adapta a su nivel de desarrollo.

- Se ajusta a las propiedades acústicas a las que son más sensibles los bebés desde su nacimiento.

- Permite captar la atención del bebé y mantener su interés, lo que ayuda al aprendizaje.

- Favorece el establecimiento de vínculos emocionales, por el tono empleado, la atención prestada, los temas sobre los que se habla...

---

[4] ¡Ojo! Es importante no confundir el lenguaje dirigido a los niños (LDN) con el llamado código restringido.

III. MÁS VALE PREVENIR

La familia es el entorno donde los bebés inician su camino en la vida. En nuestro papel como padres, madres o cuidadores les acompañamos en su desarrollo, enriqueciendo su mundo de experiencias y adaptándonos a su crecimiento.

Desde esta perspectiva, lo más importante no es que el niño de 1 año ya empiece a hablar o no, sino que se observe en todo momento que va avanzando en su aprendizaje, aunque lo haga con cierto retraso o adelanto.

Es nuestra responsabilidad informarnos sobre aquello que les puede beneficiar y sobre lo que les puede perjudicar, para actuar en consecuencia.

Afortunadamente, cada día hay nuevos avances médicos, logopédicos, educativos, etc. y la información es también más accesible, incluso antes del nacimiento del bebé.

➢ PAUTAS PARA DETECTAR PROBLEMAS

➢ LOS HÁBITOS BÁSICOS

➢ RESPETAR EL RITMO DE DESARROLLO

Pautas para detectar problemas

Hemos comentado que, en los primeros años, es frecuente observar muchas diferencias en el desarrollo entre unos niños y otros y, sin embargo, pueden estar consideradas dentro de lo "normal".

Debido a esta gran variabilidad, en ocasiones se tarda en detectar algunos retrasos más importantes que, no sólo no mejorarán con el paso del tiempo, sino que necesitarán especial atención.

En caso de observar algún tipo de dificultad, puede ser complicado saber si un niño simplemente presenta cierta inmadurez o si tiene algún problema que requeriría atención profesional.

Por ello, es importante que en las revisiones médicas[5] realizadas por el pediatra se trate el tema de la comunicación, el habla y el desarrollo del lenguaje.

¿Sabías que...

Aproximadamente el 5% de la población tiene diferentes tipos de problemas relacionados con la comunicación y el lenguaje. Éstos pueden ir desde una simple dificultad para pronunciar algunos sonidos, como la *erre*, hasta la falta de aparición del lenguaje en el autismo profundo.

Algunas dificultades del desarrollo que afectan al lenguaje y/o la comunicación son detectadas al poco tiempo de nacer, bien gracias a las revisiones médicas o bien por las observaciones en el ámbito familiar. Esto suele ocurrir en los problemas de habla

---

[5] Control periódico en la consulta del "niño sano".

relacionados con el desarrollo psicomotor (como en la parálisis cerebral) o los de tipo sensorial (como las pérdidas auditi-
vas), entre otros.

Sin embargo, a veces ocurre que los niños llegan a la escuela
infantil con ciertos retrasos y trastornos, que no han sido des-
cubiertos precozmente. Ello implica que se haya perdido un
tiempo muy valioso para realizar una atención temprana que
compense los problemas que se hayan presentado.

Algunos de estos problemas, como los trastornos del espectro
autista (TEA) afectan directamente a las capacidades comunicativas y/o lingüísticas, entre otras. En otros casos se trata de
alteraciones específicas del lenguaje o del habla, como la disfemia (tartamudez). Y también se encuentran otros problemas
que forman parte de un retraso global en el desarrollo, como
ocurre en la discapacidad intelectual.

Por todo ello, conocer las principales fases que los niños
pequeños recorren en su evolución comunicativa y lingüística
nos puede ayudar a detectar posibles señales de alarma.
Debido, pues, a su importancia, se ha dedicado la primera parte
de este libro a exponer el orden de adquisiciones de dicho proceso. Esta información general tiene carácter orientativo, si
bien pueden darse diferencias individuales.

- **Desde el nacimiento a los 12 meses**, éstos son los principales logros que progresivamente debería realizar el bebé:

  ✓ Reacciona ante ruidos fuertes o inesperados y las voces
    humanas, en especial la de su mamá.

  ✓ Localiza la dirección de los sonidos moviendo la cabeza.

  ✓ Mira a la persona que le habla.

  ✓ Sonríe, y ríe a carcajadas desde el 2º trimestre.

✓ Emite sonidos: llanto, gorjeos, etc. Comienza a balbucear, cuando está solo y cuando le hablan.

✓ Se interesa por los objetos y personas cercanas.

✓ Responde a juegos recíprocos (ej.: *cu-cú, cinco lobitos*).

Hacia el final de la etapa:

✓ Comprende los saludos, si van acompañados de gestos.

✓ Aparece la intención comunicativa, a través de gestos o de las primeras palabras.

En general, se debe consultar al pediatra si:

Posibles señales de alarma de 0 a 12 meses

❑ No llora.

❑ No reacciona a los sonidos o voces.

❑ No sonríe.

❑ No mantiene el contacto ocular o lo evita.

❑ No balbucea, y ya ha cumplido 9 meses.

Al cumplir el primer año:

❑ No busca la comunicación con el adulto.

❑ No utiliza gestos, como señalar o decir adiós con la mano.

❑ No comprende palabras de su entorno cotidiano y familiar.

• **De los 12 a los 24 meses**, el niño irá avanzando así:

✓ Responde a su nombre.

✓ En sus emisiones combina sílabas distintas y aparecen las primeras palabras.

✓ Hacia los 18 meses, dice algunas palabras con significado claro (*mamá, papá, agua*).

✓ Usa palabras simples y gestos (como señalar) para pedir objetos, para nombrarlos.

✓ Comprende la prohibición, interrumpiendo la actividad a la orden *"¡no!"*

✓ Comprende órdenes sencillas: *"dame"*, *"mira"*, *"ven"*, acompañadas de gestos.

✓ Reconoce algunas palabras de uso común: partes del cuerpo, alimentos, ropa, juguetes…

✓ Imita sonidos y gestos o acciones con valor simbólico (repitiendo en forma de juego escenas cotidianas: comer, dormir, etc.).

Posibles señales de alarma de 12 a 24 meses:

❑ No utiliza sonidos ni gestos para comunicarse.

❑ No responde a su nombre.

❑ No conoce el nombre de objetos o personas familiares.

❑ No imita sonidos o acciones conocidas.

❑ No comprende el "¡no!", ni órdenes simples.

❑ No dice ninguna palabra con sentido claro.

❑ Presenta algún signo de alarma de la etapa anterior.

- **Entre el segundo y tercer año**, el niño:

  ✓ Empieza a utilizar los verbos.

  ✓ Usa combinaciones de 2 ó más palabras, del tipo nombre+verbo *("mamá ven")* o nombre+adjetivo *("nene guapo")*.

  ✓ Comienza a usar frases negativas *("No puedo")*.

  ✓ Aumenta su nivel de comprensión, tanto del significado de las palabras, como del sentido de las frases.

  ✓ Habla de sí mismo en primera persona *("yo")*.

  ✓ Hacia el final de la etapa empieza a realizar preguntas sencillas y a contar lo que hace, lo que quiere…

Posibles señales de alarma de 2 a 3 años:

❑ A partir de los 2 años únicamente imita el habla o los gestos.

❑ No comprende órdenes muy simples.

❑ No combina palabras para hacer frases de 2 ó 3 elementos.

❑ No aumenta su vocabulario.

❑ No hace preguntas sencillas.

❑ Presenta algún signo de alarma de la etapa anterior.

Cuando se hayan detectado algunos signos de alarma como los ya enumerados, el pediatra nos orientará según estime conveniente.

Puede ocurrir que nos derive hacia una evaluación de la audición (para saber si existe o no pérdida auditiva), o tal vez a la consulta de otorrinolaringología para estudiar posibles anormalidades en los órganos implicados en el habla (como por ejemplo algún problema de la lengua o el paladar). Es posible que sea necesario otro tipo de evaluación más especializada que considere oportuna, según el caso.

El período de **0 a 3 años** es primordial para la adquisición de la comunicación y el lenguaje. Los padres y educadores hemos de tener claro que la atención temprana puede, en muchos casos, compensar ciertas dificultades sin que acarreen problemas mayores, y en otros casos, tener un efecto paliativo.

Los hábitos básicos: la alimentación, el chupete y la higiene nasal

Para que el habla de los niños pequeños se vaya perfeccionando poco a poco, es importante no obstaculizar su evolución natural. A veces, por falta de tiempo o por comodidad, no se presta la debida atención a una serie de temas que tienen mucha relevancia para evitar problemas posteriores.

Probablemente hemos escuchado a personas que, en época de vacaciones, afirman: *"Estoy deseando que mi niño vaya otra vez a la guardería, por lo menos allí come bien"*. ¿Qué significa esto? ¿El niño se alimenta correctamente en la guardería y en casa toma comida pasada o no se come la fruta o…?

Aunque por diferentes circunstancias los niños deban pasar gran parte del día con otras personas (abuelos, cuidadores de guarderías, etc.) que se ocupan de atenderles, no se debe delegar en ellos toda la responsabilidad. Deben ser los padres y tutores quienes guíen su desarrollo, ayudados, por supuesto, de otras personas de su confianza, con unas pautas educativas comunes. Es decir:

> Los hábitos básicos se aprenden en casa

Por otro lado, la falta de tiempo de la sociedad en que vivimos pone en peligro la paciencia que se necesita para educar a los bebés y niños pequeños. A veces en el colegio hay niños de Educación Infantil que siguen con chupete y biberón o que traen tarros de papilla preparada para el desayuno, explicando su mamá que *"si no se lo doy así, no consigo que coma fruta"*.

Los adultos debemos ser conscientes y estar atentos al crecimiento de los niños. A cada edad le corresponden determinados aprendizajes. Si el bebé comienza a tener dientes, significa que pronto podrá empezar a masticar. Y si pensamos que la alimentación sólo sirve para crecer, nos equivocamos, pues también es importante para el habla. Por ello:

> Masticar sirve de entrenamiento para hablar

Hablar es una acción que necesita un adecuado desarrollo y control de los músculos de la boca y la lengua.

Siguiendo los consejos de su pediatra, los padres deben decidir el momento en que su hijo puede empezar a tomar la comida entera. Se le enseñará poco a poco a comer todo tipo de alimentos, y a masticar de forma que emplee ambos lados de la boca.

Un niño o una niña que suele tomar biberones, potitos o papilla cuando está en edad de masticar no ejercita los órganos y movimientos de la boca que hacen falta para hablar. Su boca se vuelve vaga y torpe, por lo que puede producirle problemas en el habla y en la pronunciación.

Por otra parte, el uso excesivo del chupete y la costumbre de chuparse el dedo deforman el paladar y la posición de los dientes. Esto puede perjudicar la correcta pronunciación de algunos sonidos, pues los dientes sirven de apoyo para su emisión.

Además, un bebé con chupete en la boca difícilmente puede practicar su balbuceo, o si es un niño más mayor, no conseguirá hacerse entender. En definitiva, el chupete limita las posibilidades de expresión del niño.

Alrededor de los 2 años, se debe tomar la decisión de su retirada definitiva, limitándose su uso a situaciones concretas.

> Decir adiós al chupete y a chuparse el dedo

Otro elemento muy importante para el habla es una correcta respiración. Esta se produce cuando se toma el aire por la nariz y se expulsa por la boca.

Sabemos que es frecuente que los bebés y niños se constipen. La congestión nasal impide que puedan respirar por la nariz, y esto hace que respiren continuamente por la boca.

¿Qué consecuencias pueden darse?

• Volverán a resfriarse fácilmente, pues la nariz tiene filtros que protegen de los gérmenes.

• Se podrán producir algunos problemas en la mandíbula, en los dientes… y por tanto, puede acarrear dificultades al hablar.

• Estarán más expuestos a las otitis, con la consiguiente pérdida de audición (pasajera o definitiva) que dificultará su lenguaje.

¿Cómo evitarlo?

- Cuidando la higiene nasal, enseñándoles cuanto antes a mantener la nariz limpia y, si es necesario, utilizando suero fisiológico.

- Llevándoles al médico cuando se observe algún problema de tipo respiratorio o auditivo.

En definitiva:

> La respiración debe ser nasal

Respetar el ritmo de desarrollo

Los bebés realizan grandes logros desde su nacimiento. En pocos años les vemos crecer y avanzar rápidamente, en todos los ámbitos de su persona: el control de los movimientos del cuerpo, el interés por el mundo que les rodea, la capacidad para comunicarse...

A lo largo de este proceso, nuestra atención estará puesta en su desarrollo, observando cómo evolucionan.

No es recomendable compararle constantemente con otros niños o hermanos y, mucho menos, hacer comentarios negativos sobre ellos en su presencia. Conocemos casos de niños que prácticamente casi no hablan y hemos sido testigos, lamentablemente, de cómo sus madres se quejaban una y otra vez de que no lo hicieran, avergonzando a sus pequeños delante de otras personas.

Por el contrario, habrá que fijarse en cómo progresan por ellos mismos o con ayuda, es decir, valorando las cosas nuevas que están aprendiendo y que antes no eran capaces de hacer.

En algunas fases del desarrollo inicial del lenguaje, es posible observar ciertas dificultades "aparentes" (posiblemente normales) en el habla de nuestros hijos e hijas. Si no se observan otras señales de alerta y vemos que el niño sigue aprendiendo y avanzando, no hay motivo de alarma. En relación a este tema se deben tener en cuenta algunas cuestiones importantes.

En primer lugar, se encuentran las llamadas **dislalias evolutivas**. Al describir el desarrollo del lenguaje se explicó que, en su adquisición, lo normal es que los niños pequeños utilicen un habla simplificada. Recordemos que emplean ciertas estrategias para poder utilizar el lenguaje, aunque todavía de forma incorrecta.

A estos "errores" se les conoce como dislalias evolutivas. Por ejemplo, un niño de tres años dirá *"Mágala"* por *"Málaga"*, *"fesa"* por *"fresa"* o *"camelo"* por *"caramelo"*.

Según hemos observado en nuestra experiencia profesional, los errores de pronunciación de los niños pequeños suelen despertar en las personas que les rodean dos tipos de reacciones principalmente:

- Una muy frecuente consiste en oír a los familiares (incluidos los abuelos, titos, etc.) imitando la "media lengua" de los niños. La razón para que esto ocurra es que resulta gracioso escuchar una y otra vez al niño o la niña repitiendo frases como: *"mia, na pota"* (*"mira, la pelota"*), *"lo pape"* (*"los zapatos"*), etc.

- Otra actitud, casi opuesta a la primera y, por supuesto mucho menos desenfadada, la muestran los adultos empeñados en corregir a los niños cada vez que se equivocan. Suelen mostrar preocupación cuando sus hijos, con 3 añitos recién cumplidos, aún no pronuncian la "erre".

En tal caso, ¿cuál es la actitud correcta?

Ninguna de las dos anteriores. Como suele ocurrir, ningún extremo es el lugar adecuado. Y mucho menos cuando se trata de ayudar al desarrollo de nuestros hijos. Veamos por qué.

Si los adultos empleamos un lenguaje demasiado infantil para dirigirnos a los niños pequeños, bien sea repitiendo sus expresiones *("la abela", la abuela; "a mimí", a dormir)* o bien sea hablándoles con demasiados diminutivos (*perrito, gatito, pelotita, osito…*) y nombres inventados (*el fufú, el tete,…*) estamos empobreciendo el lenguaje que ellos pueden aprender. Los niños avanzan rápidamente, pero necesitan que se les dé un modelo correcto para ir aproximándose a él poco a poco.

Por otro lado, la actitud "ultracorrectora" no beneficia a nadie. Crea tensión y bloquea la comunicación espontánea; así como tampoco respeta el desarrollo natural del lenguaje infantil.

La evolución normal del lenguaje irá haciendo desaparecer estas dislalias y hará progresar al niño hacia una pronunciación más correcta.

En todo caso, es muy importante tomar una actitud activa y positiva, nunca reforzando las dificultades para articular los sonidos.

Sin embargo, estos errores deberán ser objeto de atención especial cuando se mantengan más allá de los 4 años, salvo las excepciones de algunos sonidos que se adquieren más tarde[6].

Por otro lado, en ocasiones puede ocurrir que algunos acontecimientos familiares, como el nacimiento de un hermano, generen inestabilidad en los niños y que ellos reaccionen "regresando" a comportamientos ya superados. La mejor respuesta que podemos dar es ofrecerle seguridad y comprensión, no reñirle y no prestar demasiada atención a los errores.

---

[6] Se debe consultar con los profesionales de la educación y, tal vez sea necesaria la intervención de un logopeda.

¿Qué hacer ante los errores de pronunciación?

✓ Tener en cuenta la edad del niño. Antes de los 3 años no nos preocuparemos si no articula estos sonidos:

> *ere suave*
> *consonantes+l (fl, bl, cl, gl,pl)*
> *consonantes+r (fr, br, cr, gr,dr, pr)*
> *erre*
> *za, ce, ci, zo, zu*

Todavía a los 6 años se considera normal no haber adquirido la *erre*.

✓ Hablarle con un lenguaje adecuado, sin imitar sus errores ni corregir directamente.

✓ Mirarle a la cara cuando se le habla, con naturalidad, para que pueda ver nuestra boca y observar cómo pronunciamos nosotros.

✓ Favorecer la masticación adecuada a su edad, sin prolongar el uso de chupete y biberón más allá de los 2 años.

✓ Comprobar que no existe un problema auditivo, observando que reacciona a sonidos fuertes, responde a su nombre…

Otro tema relacionado con el habla infantil se refiere a los bloqueos o "atascos" que suelen tener los niños pequeños entre los 2 y los 5 años.

Es necesario saber que es completamente normal que nuestros hijos nos hablen repitiendo algunas palabras; es un hecho que forma parte de su evolución, que se conoce como **tartamudez evolutiva**.

La cuestión más importante en este tema es la actitud que los adultos tengamos hacia esta falta de fluidez que suelen mostrar los niños.

¿Qué hacer ante los bloqueos del habla?

❏ Tener paciencia para esperar a que termine de hablar.

❏ No pedirle que acabe o que se dé prisa, ni terminar las frases por él.

❏ Comprender y admitir el contenido que nos quiere decir, sin centrarse tanto en cómo lo dice.

❏ Nunca reñirle o avergonzarle.

❏ No interrumpirle.

❏ Prestarle atención y mantener el contacto visual de forma natural.

❏ Evitar las prisas, el estrés, etc., procurando un ambiente relajado y con tiempo suficiente para comunicarse con los niños.

Si se presta demasiada atención a su forma de hablar y si se le corrige como si hiciera algo que está mal, se obstaculiza el curso normal del desarrollo. De esta forma, una intervención "bienintencionada" puede crear una verdadera tartamudez o

disfemia, haciendo que las repeticiones se mantengan y que se genere en el niño un estado de ansiedad asociado al hecho de hablar.

Por último, existen otros tipos de errores que forman parte del desarrollo normal, como son las **sobreextensiones** e **infraextensiones** del significado y las **sobrerregularizaciones** en la construcción de las palabras[7].

En todos estos casos, la actitud más favorable es prestar atención al mensaje que quiere transmitir el niño, más que a la corrección de la forma en que lo dice, puesto que lo importante es que le ayudemos a interesarse por la comunicación y se sienta libre para expresarse.

Además, se debe responder utilizando el lenguaje de manera positiva, con un habla correcta y completa, ajustada a su comprensión. Así, de modo natural, los niños aprenden la verdadera forma de las palabras y conocen su uso adecuado, por lo que irán autocorrigiendo sus errores con el paso del tiempo.

Si nos resulta muy graciosa la forma de hablar de los bebés, tal vez tener un cuaderno a mano y escribir algunas de sus expresiones sea útil para recordarlas cuando el tiempo pase. Incluso, leerlos con ellos cuando han crecido puede proporcionar a la familia momentos de diversión, a la vez que ayuda a los niños a tener conciencia de su crecimiento y de sus nuevas capacidades.

---

[7] Ver capítulo II de la primera parte: "Aprender a hablar: la adquisición y el desarrollo del lenguaje".

IV. LO QUE TU HIJO NECESITA

El principal objetivo de este libro es ofrecer una información relevante y útil para contribuir al adecuado desarrollo de los niños desde su nacimiento, centrándose en cómo los adultos podemos favorecer la comunicación y el lenguaje.

Para ayudar a concretar en la vida cotidiana de la familia dicha información, el presente capítulo reúne una serie de **pautas básicas** o consejos. Cada uno de ellos se acompaña de una ilustración y de un comentario que justifica su importancia, los cuales pueden aclarar cómo llevarlos a la práctica.

Se ha tomado como perspectiva el punto de vista del bebé o del niño pequeño, que es el auténtico protagonista de este proceso.

➤ MÍRAME A LOS OJOS CUANDO ME HABLES

El contacto ocular con el niño pequeño tiene gran importancia para el desarrollo de la comunicación y el lenguaje.

Cuando nos situamos a la altura de sus ojos le transmitimos nuestro interés hacia él y esto ayuda a establecer lazos afectivos.

También sirve para centrar su atención cuando nos queremos comunicar con él.

Además, la mirada facilita la comprensión de la expresión facial, que también forma parte del mensaje que se transmite.

➤ HÁBLAME DESPACIO Y DE FORMA CLARA

Una característica del lenguaje dirigido a niños y niñas es el mayor número de pausas y el ritmo más lento que el habla que utilizamos entre los adultos o con los niños mayores y jóvenes.

Los bebés nos prestan más atención y nos comprenden mejor si les hablamos de forma pausada.

Si pronunciamos correctamente, articulando con claridad los sonidos, ayudaremos a su adquisición del lenguaje.

➢ RESPONDE A MIS PRIMEROS INTENTOS DE COMUNICACIÓN (BALBUCEOS)

Los primeros intentos pueden ser sonidos, movimientos y gestos. Debemos responder a ellos incluso aunque se sospeche algún problema de audición. Utilizar gestos y palabras para dirigirnos al bebé refuerza su intención por comunicarse.

Podemos sonreírle y responder como si fuera una conversación, imitar los sonidos que hace, incluir gestos...

Esperaremos para ver si lo repite, y a continuación volveremos a responder de la misma forma, para ayudar a sentar la base de los diálogos futuros.

➢ HÁBLAME FRECUENTEMENTE

No hay que esperar a que el bebé sepa hablar para empezar a hablarle nosotros. Sabemos que ellos están biológicamente preparados para atender a nuestra voz, por lo que hablarles con frecuencia estimula su atención hacia el lenguaje.

Desde que nace, la vida cotidiana ofrece muchas ocasiones que podemos aprovechar para dirigirnos al bebé o niño pequeño: la hora de la comida, el baño, al pasar junto a él y verle despierto, el cambio de pañal, al tomarle en brazos, cuando jugamos, etc.

Nombraremos los objetos que utilizamos, las acciones que realizamos, las personas cercanas, lo que vemos juntos...

➤ UTILIZA UN LENGUAJE CORRECTO Y COMPLETO, NO HABLES COMO YO

Aunque nos pueda resultar gracioso, no hablemos a nuestro bebé con expresiones infantiles. Debemos emplear un lenguaje correcto, pues los adultos somos el modelo en que se fijan los niños para aprender.

Si utilizamos una forma de hablar que no se ajusta al nivel de desarrollo del niño, a lo que es capaz de adquirir en cada edad, nuestra intervención se convierte en un freno para su aprendizaje.

Por ejemplo, si nosotros llamamos *"guau"* a los perros, el niño tardará más tiempo en aprender el nombre correcto. Igual ocurre con el uso excesivo de palabras en diminutivo.

➤ SI EN CASA OIGO DOS IDIOMAS, HÁBLAME SIEMPRE EN EL QUE MEJOR DOMINES

En las familias bilingües se deben separar los dos idiomas, asociando cada uno a la persona que mejor lo hable. Así se favorece el aprendizaje simultáneo y equilibrado de las dos lenguas.

Al dirigirnos al niño, no mezclaremos en una misma frase dos idiomas diferentes, aunque él lo haga como parte de su aprendizaje.

Se debe priorizar la comunicación positiva, aunque ello implique renunciar al bilingüismo precoz.

➤ MUÉSTRAME LIBROS A PARTIR DE LOS 4-6 MESES

Compartir la atención sobre objetos que le interesan, adecuados a su edad, fomenta el interés por el lenguaje y la adquisición de vocabulario.

Los libros de imágenes, tan atractivos para los bebés, son un primer acercamiento al lenguaje escrito. También existen libros de texturas, de formas, cuentos sonoros, etc.

El niño pequeño disfruta observando y manipulando estos primeros libros, mientras escucha a papá o mamá nombrar los objetos, los animales, etc., o imitar las acciones y sonidos, al tiempo que señalan las imágenes.

Le gustará repetirlo una y otra vez...

➤ SEÑALA Y NOMBRA TODO AQUELLO QUE ME LLAME LA ATENCIÓN

A medida que crecen, aumenta el interés de los bebés por el mundo que les rodea. Cuando observamos que mira algún objeto o intenta agarrarlo, o que emite sonidos al verlo, es muy importante responder a su interés.

Podemos señalar aquello a lo que dirige su atención, nombrarlo, acercarle para que lo vea, dárselo, etc.

Así se le ayuda a desarrollar la intención de comunicarse, ya que le estamos asegurando que sus iniciativas serán respondidas. Esto también le sirve para conocer las palabras.

➤ NO ME CORRIJAS CONSTANTEMENTE

A hablar se aprende hablando, y, por tanto los errores son parte del aprendizaje.

Si hablamos al niño de forma correcta, sin repetir sus expresiones erróneas, ni reñirle porque se haya equivocado, poco a poco continuará su maduración, salvo en casos de ciertas dificultades excepcionales.

La comunicación es el motor para la adquisición del lenguaje. Exigirle que hable con exactitud cuando aún no está preparado para ello va en contra de la comunicación positiva.

➢ PRÉSTAME ATENCIÓN CUANDO QUIERO COMUNICARME CONTIGO

El tiempo "de calidad" compartido con los niños es fundamental. Es muy importante que los adultos estemos realmente "presentes", atendiendo sus iniciativas y necesidades.

La base de la comunicación es la interacción social y ésta se apoya, a su vez, en la seguridad que proporciona el vínculo emocional con el niño (apego).

Escucharles con atención ayudará a su interés por expresarse y hacerse entender, aumentará su confianza en nosotros y reforzará su autoestima.

➤ AUNQUE SEPAS LO QUE QUIERO, PERMÍTEME QUE LO PIDA YO

Atender las necesidades de los niños significa también saber adaptarse a su nivel de desarrollo, dando tiempo para que utilicen los recursos que van adquiriendo.

Si nos anticipamos, no se estimula el aprendizaje y la práctica de nuevas habilidades, puesto que se le transmite el mensaje: *"no hace falta que digas nada, ya sé lo que quieres"*. En ese caso, ¿quién necesita esforzarse para aprender a hablar?

Cuando llegue el momento, le animaremos a pedir las cosas por su nombre, en lugar de utilizar sólo gestos o sonidos aislados.

➤ CUANDO EMPIECE A NOMBRAR LOS OBJETOS, EXPLÍCAME QUÉ SON Y PARA QUÉ SIRVEN

El lenguaje y el pensamiento se pueden enriquecer mutuamente, y aquí el papel de los adultos es muy importante, como mediadores entre las palabras y el niño.

Darle información sencilla sobre lo que le interesa ayuda a que el niño pequeño vaya construyendo el significado de las palabras, al tiempo que progresará en su uso.

Utilizaremos el vocabulario que conoce, ampliando sus emisiones, empleándolas en distintas situaciones o contextos.

➢ **EVITA QUE HABLE CON EL CHUPETE
EN LA BOCA Y ENSÉÑAME A MANTENER
LA NARIZ LIMPIA**

Retirar el chupete pronto y cuidar la higiene nasal ayudan a respirar de forma saludable y adecuada para hablar.

Más allá de los 2 años, el chupete será más un obstáculo que un beneficio para el crecimiento del niño y su lenguaje. Se debe también evitar que se habitúe a chuparse el dedo.

Seguiremos las indicaciones del pediatra para introducir alimentos variados que desarrollen la masticación.

También cuidaremos la higiene nasal para que respire sin dificultad.

➤ REALIZA MUCHAS ACTIVIDADES CONMIGO, ESPECIALMENTE JUGAR

El juego es divertido, pero además ayuda a desarrollar la inteligencia, a practicar las relaciones sociales y facilita la producción de lenguaje espontáneo.

Al principio serán juegos con las manos, la cara y todo su cuerpo, con juguetes y objetos que le interesen... A partir del año, la imitación de acciones, sonidos y gestos es fundamental.

Cuando crezca, el lenguaje enriquecerá el juego, permitiendo el desarrollo de la imaginación (juego simbólico), y viceversa, el juego estimulará la expresión espontánea.

No olvidaremos el papel activo del niño.

➤ ENSEÑAME A IMITAR LOS SONIDOS, A SOPLAR, A BEBER EN VASO...

Para pronunciar correctamente hay que dominar los movimientos de los órganos que intervienen en el habla y la respiración.

¡NINOOO, NIIINOOO!

Actividades cotidianas, como beber en vaso o con pajita, ayudan al niño pequeño a controlar la fuerza y los movimientos de labios y lengua. También imitar sonidos, aprender rimas y canciones y jugar con las palabras son actividades que contribuyen a este entrenamiento, a la vez que estimulan la atención y discriminación auditiva.

Juegos como soplar molinillos o pompas de jabón favorecen la respiración profunda, la coordinación nasal-bucal y el control de la fuerza y dirección del soplo.

➤ CON LAS PREGUNTAS AYUDAS A MI PENSAMIENTO Y A MI LENGUAJE

Alrededor del primer año, podemos empezar a hacerle preguntas sencillas. De esta manera ayudamos a la comprensión y al uso de las palabras, comenzando por lo más cotidiano.

Al principio preguntaremos y, si no responde, lo haremos nosotros *(ej.:"¿quieres comer?", "¡sí!" o "¿dónde está papá?", "aquí")*.

Progresivamente aprenderá a contestar con gestos, sonidos o palabras, y podremos introducir nuevas preguntas.

Siempre tendremos en cuenta si presta atención, sin forzarle a que nos escuche.

➤ SI VES QUE ME "ATASCO" AL HABLAR, DAME TIEMPO PARA TERMINAR

Casi todos los niños tartamudean en alguna etapa de su desarrollo. Ser pacientes es lo mejor para evitar mayores dificultades.

La comunicación se basa en el interés y la necesidad de expresarse. Si las personas cercanas al niño bloquean dicha expresión, se obstaculiza el progreso normal.

Evitaremos agobiarle, burlarnos o permitir que otros lo hagan.

En caso de duda, se debe consultar a los profesionales de la salud o de la educación.

➤ NECESITO COMUNICARME CON LAS PERSONAS, LA TELE NO ME SIRVE

Los niños necesitan utilizar el lenguaje en la interacción con otras personas, recibiendo de parte de los adultos información de sí mismos y del mundo que les rodea y practicando las herramientas comunicativo-lingüísticas que van adquiriendo.

Aunque veamos que le atrae, frente a la TV el niño no aprende a comunicarse. Su papel en todo el proceso debe ser activo.

Además, realizar actividades (ver libros, jugar, etc.) mientras la tele está encendida interfiere en la atención conjunta, ya sea porque el niño se distrae, porque nos distraemos nosotros, o por ambas cosas.

➤ PIDE AYUDA SI VES QUE NO REACCIONO A LOS SONIDOS O AL LENGUAJE

Lo natural para un bebé es reaccionar ante los ruidos fuertes, orientar la mirada o girar la cabeza para localizar los sonidos que percibe y prestar atención a la persona que le habla (especialmente si es su mamá o su papá).

LEO, LEO, QUE TE ESTOY LLAMANDO.

Si parece que el pequeño no escucha o no presta atención a sonidos y voces, se debe consultar con el pediatra. El médico determinará los pasos a seguir.

Cuanto más pronto detectemos cualquier dificultad, más efectiva será la intervención que se realice, ya que los primeros años son básicos para el desarrollo del niño.

➤ NO ME ORDENES CONSTANTEMENTE

Un estilo comunicativo demasiado directivo inhibe las iniciativas de expresión del niño pequeño y es una forma pobre de usar el lenguaje.

El lenguaje es una herramienta al servicio de las funciones de la comunicación: saludar, preguntar, responder, llamar la atención, designar, describir, jugar, expresar opiniones y sentimientos, narrar, informar, imaginar, pedir permiso y ayuda, etc.

Por otro lado, no olvidemos que los niños están deseando aprender y mostrar lo que saben.

CONCLUSIONES:

La llegada de un bebé a casa supone un momento muy importante, de ilusión y de planes de futuro. Y lo es tanto para los padres, que ponen en marcha voluntariamente un proyecto, como para los familiares o cuidadores que también atenderán a este nuevo bebé.

Se abre una etapa de aprendizaje para todos, con sus certezas y sus incertidumbres, pero siempre presidida por el cariño y la sensatez. En esta línea hemos querido orientar nuestro libro-guía: servir de apoyo para disminuir las dudas, reafirmarnos en nuestras fortalezas y evitar dejarnos llevar por alarmismos, falsos mitos o posturas extremas.

La creación de un entorno afectivo y de seguridad facilitará al bebé su camino de adquisiciones y aprendizajes. El vínculo emocional se basa en la comunicación que establecemos con el niño (ya desde antes de nacer) y, a su vez, la comunicación se nutre de la afectividad para seguir desarrollándose. Es decir, afecto y comunicación se necesitan y apoyan en el desarrollo del bebé.

El niño es activo en su desarrollo, es el verdadero protagonista. Existen diversidad de estilos y ritmos, ya que cada persona es única con sus características propias, por lo que debemos respetar su individualidad, fomentando sus puntos fuertes como motor de su aprendizaje.

En nuestra opinión, el bebé es un auténtico "currante". Trabajará mucho a lo largo de este camino, que comienza antes del nacimiento, pero no puede hacerlo solo: el adulto es mediador y facilitador del aprendizaje, proporcionando estímulos interesantes y adecuados a su edad y nivel de maduración. Le ofrece modelos de actuación, le guía, le acompaña, le anima a nuevos retos, pero sobre todo, le hace sentirse amado y seguro. A la vez, el desarrollo del niño pequeño es también fuente de aprendizaje y enriquecimiento para nosotros.

Los niños necesitan que los padres nos impliquemos completa y conscientemente en este proceso, tomando decisiones y estableciendo directrices. Padres, familiares, cuidadores y profesionales que atendemos a los niños debemos colaborar, intercambiar información, coordinarnos y asumir pautas comunes.

Queremos concluir el presente libro resaltando que los primeros tres años de la vida de un niño son fundamentales. Para los padres suponen una etapa con una responsabilidad enorme. Es, también, un tiempo privilegiado para dejarse fascinar por el milagro de la vida y la "magia" del desarrollo infantil.

Además, es una época donde los niños se entregan completamente a la unión emocional con sus padres y cuidadores, deseosos de ser queridos y acompañados en la aventura de aprender, entre otras cosas, a comprender y a ser comprendidos. He aquí el valor fundamental de la comunicación para los seres humanos.

GLOSARIO:

Acción conjunta: aquello que hacemos o realizamos en compañía de otra persona.

Apego: afecto o cariño por una persona.

Arbitrario: lo que se ha establecido por una convención o por asentimiento general.

Balbuceo: etapa del desarrollo lingüístico, en la que el bebé produce sonidos, uniendo una consonante con una vocal.

Bilingüismo: competencia y uso de dos lenguas.

Campo semántico: hace referencia a todas las características del significado de una palabra y se va ampliando según avanza el desarrollo lingüístico de cada persona.

Código: sistema de signos y de reglas que permite formular y comprender un mensaje.

Comunicación: hacer saber, transmitir algo a otra persona.

Conductas anticipatorias: aquella acción que al realizarla inicia una secuencia, conocida ya por los participantes.

Convencional: lo que está establecido o pactado entre un grupo de personas.

Discapacidad intelectual o cognitiva: discapacidad caracterizada por limitaciones significativas en el funcionamiento intelectual y en la conducta adaptativa que se manifiesta en habilidades conceptuales, sociales y prácticas, según la

Asociación Americana del Retraso Mental (AARM). Esta discapacidad comienza antes de los 18 años.

Disfemia: trastorno de la fluidez del habla, que se caracteriza por una expresión verbal interrumpida en su ritmo de un modo más o menos brusco.

Evaluación: proceso de recogida de información, en este caso sobre el desarrollo lingüístico, que se puede utilizar para tomar decisiones sobre su estimulación y mejora.

Expansiones: extender, ampliar la longitud y/o el significado de las frases.

Feedback o retroalimentación: conjunto de reacciones o respuestas que manifiesta un receptor respecto a la actuación de un emisor, dicha respuesta es tenida en cuenta para enfocar o modificar la conducta de un modo u otro.

Fonología: nivel del lenguaje que estudia la adquisición y uso de los sonidos de una lengua.

Formato: secuencias de acciones que realizan los adultos con sus hijos, casi siempre de la misma manera y con unas "reglas" que han establecido entre ambos.

Gestos estereotipados: movimiento del rostro u otra parte del cuerpo cuyo significado es conocido de antemano.

Habla: expresión individual de la lengua oral.

Holofrase: dentro del desarrollo lingüístico del bebé, hace referencia a la emisión de las primeras palabras, de manera individual y que pueden englobar el significado de una frase completa.

Infraextensión: utilizar una palabra con un sentido limitado de su significado, haciendo referencia a ciertos aspectos puntuales.

Interacción: acción recíproca entre dos personas, a través de la cual se influyen mutuamente.

Interlocutor: cada una de las personas que participan en un diálogo.

Lengua: también llamado idioma, es el lenguaje compartido por un país o comunidad, con sus características culturales propias.

Lenguaje: es el sistema de comunicación que comparten un conjunto de personas, una herramienta social cuya principal función es la comunicación.

Léxico: conjunto de palabras que forman el vocabulario de una lengua.

Lexicón: conjunto de palabras que forman el vocabulario de cada persona.

Juego simbólico: el que utiliza elementos que representan a otros que no están presentes.

Mímica: expresión de pensamientos, sentimientos o acciones por medio de gestos o ademanes.

Morfema: unidad de la primera articulación del lenguaje, dotada de forma y significado.

Morfología: nivel del lenguaje que estudia la adquisición y uso de partículas gramaticales, que sin tener significado en sí mismas, completan y ajustan el significado de la palabra de la que forman parte.

Motriz, motor, motricidad: referentes a la movilidad del cuerpo. Cuando hablamos de motricidad gruesa nos referimos a los movimientos del cuerpo, como patalear, andar, incorporarse… La motricidad fina hace referencia a movimientos más precisos, como los de los dedos, necesarios para la escritura.

Parálisis cerebral: trastorno de la postura y del movimiento, debido a una lesión no degenerativa del encéfalo, antes de que su crecimiento y desarrollo se completasen.

Plasticidad cerebral: hace referencia a que las conexiones entre neuronas del cerebro de un recién nacido están en proceso de realización, por lo que la influencia del medio exterior es muy importante.

Pragmática: nivel de lenguaje que estudia el uso social del lenguaje.

Protopalabra: aquella emisión del bebé que es estable (es decir, siempre tiene los mismos sonidos), se aísla fácilmente como unidad (tiene forma similar a las palabras) y aparece en contextos determinados, acompañada de gestos.

Pseudofrases: emisión de varias palabras seguidas, pero que no forman una frase entre ellas, son mensajes diferentes pero consecutivos.

Rutinas: actividades de la vida diaria, que se realizan habitualmente de la misma manera y a la misma hora.

Sintaxis: nivel del lenguaje que estudia la construcción de las frases y la función de las palabras dentro de las mismas.

Semántica: nivel del lenguaje que estudia el significado de las palabras.

Sobreextensión: nombrar con una misma palabra a distintos objetos o sucesos, que aunque tienen muchos rasgos en común, se diferencian en otros aspectos fundamentales. Por ejemplo, designar como *"perro"* a todos los animales de cuatro patas.

Sonrisa social: la que produce el niño de manera voluntaria.

Sordos: persona privada del sentido del oído o que lo tiene disminuido.

Trastornos del espectro autista (TEA): resalta la noción dimensional de un "continuo" (no una categoría), en el que se altera cualitativamente un conjunto de capacidades en la interacción social, la comunicación y la imaginación.

Vocalizar: emitir sonidos parecidos a vocales y consonantes.

Vocabulario: conjunto de palabras de una lengua. También se puede utilizar para designar las palabras de un oficio, de una disciplina o de una persona.

Yuxtaposición: se dice de las oraciones que están unidas sin un nexo.

BIBLIOGRAFÍA:

ABDELILAH-BAUER, B. (2007). *El desafío del bilingüismo. Crecer y vivir hablando varios idiomas.* Madrid. MEC y Morata.

AGUADO, G. (2001). *El desarrollo del lenguaje de 0 a 3años. Bases para un diseño curricular en la educación infantil.* Madrid. CEPE.

ALDECOA, J., DÍEZ RUBIO, Mª C., MONTERO VIEJO, L., RUIZ DE ARCAUTE MARTÍNEZ, M., ÁLAVA REYES, Mª J. y REVENGA SÁNCHEZ, M. (2001). *La educación de nuestros hijos. De 0 a 14 años.* Madrid. Ediciones Temas de Hoy.

CASTILLO ARREDONDO, S. (2007). *Vocabulario de Evaluación Educativa.* Madrid. Pearson-Prentice Hall.

CLEMENTE ESTEVAN, R. A. (1995). *Desarrollo del lenguaje. Manual para profesionales de la intervención en ambientes educativos.* Barcelona. Octaedro.

FODOR, E. y MORÁN, M. (2006). *Todo un mundo por descubrir. Método de autoayuda para padres y profesionales. El desarrollo del niño de 6 a 24 meses.* Madrid. Pirámide.

FODOR, E., GARCÍA-CASTELLÓN, Mª C. y MORÁN, M. (2006). *Todo un mundo por descubrir. Método de autoayuda para padres y profesionales aplicado al período inicial de la vida.* Madrid. Pirámide.

GARRIDO EGUIZÁBAL, M., RODRÍGUEZ RUIZ, A., RODRÍGUEZ RUIZ, R. y SÁNCHEZ RODRÍGUEZ, A. (2008). *El niño de 0 a 3 años. Guía atención temprana para Padres y Educadores.* Gobierno de La Rioja. Consejería De Educación, Cultura y Deporte.

GIMÉNEZ-DASÍ, M. y MARISCAL ALTARES, S. (2008). *Psicología del desarrollo. Desde el nacimiento a la primera infancia.* Madrid. Mc Graw-Hill.

IBÁÑEZ LÓPEZ, P. (2002). *Las discapacidades. Orientación e Intervención Educativa.* Madrid. Dykinson.

JUÁREZ SÁNCHEZ, A. y MONFORT, M. (2002). *Estimulación del lenguaje oral. Un modelo interactivo para niños con dificultades.* Madrid. Santillana.

KARMILOFF, K. y KARMILOFF - SMITH, A. (2005). *Hacia el lenguaje: del feto al adolescente.* Madrid. Morata.

MARCHESI, A. (2003). *El desarrollo cognitivo y lingüístico de los niños sordos.* Madrid. Alianza.

MOLINER, M. (2008). *Diccionario de uso del español. Edición Abreviada.* Madrid. Gredos.

MONTANARI, E. (2007). *Crecer en una familia bilingüe.* Barcelona. Ceac.

MORENO. A. (2012). *Cómo educar a un bebé.* Madrid. Mestas Ediciones.

OWENS, R. (2003). *Desarrollo del lenguaje.* Madrid. Pearson.

PALACIOS, J., MARCHESI, A. Y COLL, C. (Comps.) (2009). *Psicología evolutiva y educación vol. 1. Psicología evolutiva.* Madrid. Alianza.

PALACIOS, J., MARCHESI, A. Y COLL, C. (Comps.) (2009). *Psicología evolutiva y educación vol. 3. Trastornos del desarrollo y necesidades educativas especiales.* Madrid. Alianza.

PEÑA-CASANOVA, J. (2001). *Manual de logopedia.* Barcelona. Masson.

PUYUELO, M. (2007). *Casos clínicos en logopedia 1*. Barcelona. Masson.

REAL ACADEMIA ESPAÑOLA. (2009). *Diccionario de la lengua española*. Madrid. Espasa.

RODRÍGUEZ ORTIZ, I. de los R. (2005). *Comunicar a través del silencio: las posibilidades de la lengua de signos española*. Sevilla. Secretariado de Publicaciones de la Universidad de Sevilla.

SADURNI i BRUGUÉ, M., ROSTÁN SÁNCHEZ, C. y SERRAT SELLABONA, E. (2008). *El desarrollo de los niños, paso a paso*. Barcelona. UOC.

SOLÉ MENA, A. (2010). *Multilingües desde la cuna. Educar a los hijos en varios idiomas*. Barcelona. UOC.

VASTA, R., HAITH, M. M. y MILLER, S. A. (2008). *Psicología infantil*. Barcelona. Ariel Psicología.

VERNY, T. y KELLY, J. (1992). *La vida secreta del niño antes de nacer*. Barcelona. Urano.

VERNY, T. y WEINTRAUB, P. (2002). *El vínculo afectivo con el niño que va a nacer. Un programa de nueve meses para tranquilizar, estimular y comunicarse con su bebé*. Barcelona. Urano.

TÍTULOS DE LA COLECCIÓN

1 Juan José Jurado, NO TENGO TRABAJO ¿QUÉ PUEDO HACER?

2 Antonio Soto, LAS NUEVAS ADICCIONES ¿QUÉ SON? ¿CÓMO AFRONTARLAS?

3 Luis López, CLAVES PARA ENTENDER LA CRISIS MUNDIAL

4 Toti Fernández, VÍSTETE Y TRIUNFA. INFLUENCIA DE LA MODA EN LA VIDA COTIDIANA

5 Miguel Álvarez, LA SEXUALIDAD Y LOS ADOLESCENTES. CONCEPTOS, CONSEJOS Y EXPERIENCIAS

6 Ángel Moreno, CÓMO EDUCAR A UN BEBÉ

7 Esther Soria y Laura Soria, CON LA ALIMENTACIÓN NO SE JUEGA

8 Arántzazu García, Ana Ferrández y Susana Martín, NOSOTROS PODEMOS. INTEGRACIÓN DE LOS DISCAPACITADOS EN LA SOCIEDAD ACTUAL

9 Adolfo Muñiz, BASES PARA UNA BUENA EDUCACIÓN MUSICAL

10 M. Natividad Soto y Lola Ortega, LA COMUNICACIÓN CON TU BEBÉ

11 Carlos Molinero, ADOLESCENTES EN CONFLICTO. CÓMO RECUPERAR LA ARMONÍA PERDIDA